マルクス・アウレリウス メディテーション

新しい視点

(Marcus Aurelius' Meditations: A New Perspective)

サミュエル・カルタクソ

∎∎∎

寄稿者リストマルクス・アウレリウス、ジョージ・ロング

瞑想：新しい視点

このテキストの一部は、パブリックドメインにあるジョージ・ロング（1862年）とジョン・ジャクソン（1906年）の素晴らしく正確な著作に基づいているが、完全に書き直され、現代の言葉とスタイルに拡張されている。

エディション/バージョン: 1/7 [改訂版 23 June 2024]

1.倫理 2.ストア学派 3.人生

A Ω

デディケイション

　この本は、私たちが予想していたよりもずっと早く、今年神とともに旅立った私の最愛の母ジュディス・カルタクソに、すべての好意と感謝を込めて捧げます。とても寂しいよ、お母さん。愛してるよ。

目次

プレゼンテーション

　本書は、ストイシズムの教えを巡る魅惑的で変容に満ちた旅である。マルクス・アウレリウス皇帝の『瞑想録』の時代を超越した知恵から、この古代の哲学を爽快かつ的確に表現している。

　煩わしさや不安から解放された人生への謎を解き明かし、どんな状況にも冷静かつたくましく立ち向かう不屈の精神を発見する。自分の思考や感情をコントロールし、内なる平穏の感覚を生み出し、実際的で充実した、満足のいく人生を送る方法をつかむ。

　偉大なるマルクス・アウレリウスの深い洞察を、彼の人生に関する膨大な知識をあなたの人生にもたらす方法で発見してください。ほとんどの『瞑想録』では、各思想や瞑想を単に一段落にまとめ、その構成の重要性にはほとんど注意を払っていない。しかし、瞑想の中には非常に長く、詳細なものもあり、それだけを取り上げた一冊を作るに値するものもある。残念なことに、明確な見出しのない散漫な段落は、長年にわたって当たり前になっている。この版では、瞑想のテーマとメッセージを予告する明確で簡潔なタイトルの下に、読者がすぐに飛び込めるようなわかりやすい言葉でそれぞれの瞑想を紹介することで、そのような状況を一変させた。瞑想曲」の深さと密度を、新たな視点で体験してください。

　明快で合理的な言葉で構成されているが、偉大なるマルクス・アウレリウスの語りから「フィーリング」の一部を模倣しようとしている本書は、優れた人生への明確な道筋を提供し、ストア哲学をより深く洞察したい人にとって完璧な伴侶となる。交流を深めたい人、忍耐力を養いたい人、あるいは単に満足と喜びをもっと見出したい人など、本書はあなたのためにある。より多くの情報を収集するための助けとして、巻末には完全な用語集と約2,000語の膨大な索引が用意されている。

　より価値と意図のある人生への旅立ちを切望しているなら、今すぐ手に入れよう！力強い啓示と便利なアドバイスが自慢の本書は、より満足のいく、より満足のいく人生への通路である。お楽しみに！

まえがき

　この版は、純粋な好奇心から始まり、実験となり、そして素晴らしい冒険へと変わった。専門的な哲学者や、マルクス・アウレリウスの生涯と仕事に関する学術的な歴史家を対象としたものではなく、私のような普通の読者であり、学ぶことに熱心で、好奇心が強く、本書に掲載されているような教えが、何世紀にもわたって、さらに何世紀にもわたって、なお、現代の私たちの生活と絶大な関連性を持ちうるという事実に驚嘆しているあなたのために作られた版なのだ。

　なぜ「新しい視点」なのか？説明しよう。初めてマルクス『瞑想録』に接したとき、偉大なるマルクス・アウレリウスが記録した人生についての貴重な知識が、そのテキストに与えられた慣習的な構成に関して過小評価されているとすぐに感じた。通常、マルクス・アウレリウスの本は章立てになっており、それぞれの注釈（あるいは瞑想）は単なる段落に過ぎない。また、いくつかの瞑想はかなり広範かつ詳細で、その叡智の密度と深さを考えれば、それだけで一巻の論考に値する。にもかかわらず、それらに関連するタイトルすらない緩い段落は、何世紀にもわたって文献の中でありふれたものとなっている。このような、より関連性の高い皇帝の瞑想の議論は、この版では扱われなかった。しかし、より流動的で更新された言葉とともに、それぞれの瞑想には、そのテーマとメッセージを読者にあらかじめ伝えるキャプションが加えられた。このような配置により、読者は目次から気になるテーマを素早く探し、目的の瞑想に直接ジャンプできるようになり、読みやすさが格段に向上した。

　皇帝の時代の特徴と推定される古代の文体の雰囲気を残しながら、言葉を現代風にする努力がなされた。このアイデアは、読者がテキストを読み進める間に、過去の世界に浸り、マルクス・アウレリウス自身が自分の耳で物語を作る姿を想像するというものだ。このような時間的な没入は、例えば、平凡な用語やスラングさえも含む、常に直接的な構造を持つ、完全に更新された言語によって大きく妨げられることになる...。このような理由から、多くの箇所は意図的に偉大な皇帝の「声で」書かれている。とはいえ、読者が少しでも具体的な現実から離れ、数千年前の知恵に耳を傾けてくれることを願っている。

　本書は、『瞑想録』の基本的なメッセージと構造を保ちつつ、現代の読者にも読みやすいよう工夫されており、古典哲学の中で最も影響力のある学派のひとつであるストア派を、刺激的かつ適切に描き出している。好奇心旺盛な読書愛好家のために、巻末には文脈に沿った情報を満載した用語集が用意されている。さらに、本文中に登場する何千もの単語や表現を網羅した、約20ページに及ぶ膨大な索引も読者に提供されている。

　この時点で、いわゆるストイシズムというものが何なのか、不思議に思うかもしれませんね？ストイシズムは紀元前3世紀初頭にアテネで生まれ、逆境に立ち向かい、高潔で充実した人生を追求する際の自制心と回復力を強調している。ストア派は、私たちの感情や幸福は私たちの思考や信念によって大きく形作られ、私たちにはそれを調整する力があると信じていた。マルクス・アウレリウスは、ストイシズムの有名な提唱者であり、苦難に直面したときの自己規律と強靱さを強調する思想の一派である。彼の代表作である『瞑想録』は、ストア派の最高傑作のひとつとされ、彼の理論や方法についての洞察を提供し、より実りある目的ある人生を送るための有益な方向性と励ましを与えてくれる。本書は、彼の信念と実践を垣間見ることで、より有意義で充実した人生を送るための実践的な指針とインスピレーションを読者に提供する。

とはいえ、『マルクス・アウレリウスの瞑想録』で、発見と変容の旅に出かけていただきたい。本書は、皇帝マルクス・アウレリウスの時代を超越した叡智と彼の哲学的教えを、魅惑的かつ示唆に富んで描いている。

サミュエル・カルタクソ

はじめに

- ストイックな知恵と軍事的成功を収めた高貴な皇帝

暦121年4月26日に生まれたマルクス・アウレリウス・アントニヌスは、第2代ローマ王ヌマを祖とする貴族の出身だった。その結果、最も敬虔な皇帝は、最も信心深い初期の王の血筋から生まれた。両親は若くして亡くなったが、マルクスは生涯を通じて両親を高く評価していた。

1.　高貴な血統から敬虔な皇帝へ：マルクス・アウレリウス・アントニヌスの物語

　祖父のアンニウス・ヴェルスはローマで著名な地位にあり、三度執政官を務めた。父の死後、マルクスは祖父の養子となり、二人の関係は親密なものとなった。マルクスは祖父の教えに感謝し、優しさ、柔和さ、自制心を教え込まれた。

　ハドリアヌス帝はこの若者の優れた人柄を認め、「自分の名前よりも真実である」という意味のヴェリッシムスと呼んでいた。ハドリアヌスは、マルクスをわずか6歳で馬術の騎士に昇格させ、8歳で権威あるサリア聖職の一員とした。

マーカスの叔母アニア・ガレリア・ファウスティナは、後に皇帝となるアントニヌス・ピウスと結婚した。アントニヌスには息子がいなかったため、彼はマルクスを養子に迎え、名前を変え、娘のファウスティナと婚約させた。

　マルクスは、優れた教師の指導のもとで優れた教育を受け、ストイック哲学の厳格な教義を教え込まれた。彼はまた、質素な服装をし、贅沢を避け、質素に暮らすよう教育された。さらに、レスリング、狩猟、ゲームなどの野外活動が、虚弱体質にもかかわらず体力を養うのに役立った。獰猛なイノシシにも立ち向かい、絶大な勇気を示した。赤、青、白、緑の4色で戦車を競走させるサーカスでは、ローマの各派閥が狂信主義に支配されていたが、マルクスはレースやそれに伴う暴動や汚職には参加しなかった。

2.　マーカスの出世執政官から皇帝の名誉ある人物へ

　140年、マルクスは執政官に任命された。145年、婚約者ファウスティナと結ばれ、間もなく娘をもうけた。その2年後、マルクスは枢機卿をはじめとする皇帝の栄誉を授けられた。

3.　戦争する皇帝たち：マルクス・アウレリウスとルキウス・ヴェルスの残酷なキャンペーン

　アントニヌス・ピウスが161年に死去すると、マルクスが皇帝の座に就き、すぐにL.ケイオニウス・コモドゥスを同僚に任命した。アントニヌスはコモドゥスを養子とし、ルキウス・アウレリウス・ヴェルスの名を与えた。それ以来、2人は統治を分担し、ヴェルスはマルクス帝の後継者として育てられた。

　マルクスが新しい任務に慣れるのに時間はかからなかったが、各地で紛争が勃発した。162年、パルティア王ヴォロゲセス3世が長期にわたる反乱を起こし、シリアに侵攻したローマ軍団を全滅させた。ヴェルスは事態に対処するために派遣されたが、責任を果たすどころか、過度の飲酒と不道徳な行為にふけった。その結果、将校たちは彼抜きで戦争を処理しなければならなくなった。

その直後、マルクスは北方辺境に存在する強力な諸部族の連合という、より重大な脅威に直面することになる。マルコマンニ、クアディ、サルマティア、カッティ、ジャイゲスなどがその代表格で、ローマでは疫病と飢饉によって状況が悪化した。東方から流入したヴェルス軍団は疫病を蔓延させ、洪水は穀物の供給を破壊した。マルクスは資金集めのために皇帝の宝石を売ることを余儀なくされたが、飢饉を食い止めることはできなかった。両皇帝は武器を取り、マルクス治世を通じて長期にわたる闘争を繰り広げる必要が生じた。

これらの戦いは残酷で激しいもので、ヴェルスは169年にこの世を去った。戦闘についての詳しい情報はないが、最終的にローマ帝国が勝利を収めたことはわかっている。マーカスの指揮の下、蛮族は粉砕され、帝国はより安全になった。これらの作戦の成功は、マルクスが武勇に優れていただけでなく、ペルティナクスのような有能な副官を抜擢した慧眼にもよる。

この時期には複数の重要な戦いが繰り広げられた。特に174年のクアディ族との雷鳴軍団の戦いは、それにまつわる伝説でよく知られている。最初は敵が優勢に見えたが、突然雷と雨の嵐が起こり、蛮族は恐怖に襲われ、逃げ惑った。多くのキリスト教徒を擁する軍団は、自分たちの祈りが通じ、嵐が自分たちを助けるために送られたと信じた。雷鳴軍団の名はこの物語に関連しているが、これが真実かどうかは疑わしい。とはいえ、これらの戦争を記念するローマのアントニヌスの柱に刻まれた場面のひとつには、嵐の介入が記録されている。

4.　予期せぬ蜂起：裏切り者の司令官に立ち向かうマーカスの旅

　東方で予期せぬ反乱が起こらなければ、最近の騒乱の後の和解はもっと満足のいくものであっただろう。パルティア戦争で名声を得た腕利きの指揮官アヴィディウス・カッシウスは、当時、東方の諸州を支配していた。理由は不明だが、彼は病弱だったマルクスが亡くなった後、すぐに皇帝宣言をする計画を立てていた。マルクスが死んだという誤った情報を得たカシウスは、その計画を実行に移した。これを知ったマルクスは、急いで和平を仲介し、この新たな危機に立ち向かうために故郷に戻った。彼の最大の悲しみは、内戦の恐怖に巻き込まれたことだった。カシウスの能力を認めつつも、マルクスはカシウスが恩赦を受ける前に自害しないことを心から願っていた。しかし、マルクスが東方に到着する前に、彼が生きているという知らせが届いた。カシウスの支持者たちは彼を見捨て、彼は暗殺された。マルクスは東方に向かい、暗殺者たちはカシウスの首を皇帝に差し出した。皇帝は怒ってそのグロテスクな贈り物を拒否し、暗殺の犯人たちを皇帝の前で迎えることも拒否した。

5.　勝利と悲劇：勝利の戦士の人生の旅路

　旅の途中、妻のファウスティナが亡くなった。到着後、皇帝は176年に勝利を祝った。その直後、皇帝は戦時責任を果たすためドイツに戻った。彼の軍事的努力は完全な勝利を収めた。しかし、晩年の苦闘は、すでに弱っていた彼の健康に打撃を与えた。180年3月17日、パンノニアで逝去した。

6.　偉大な皇帝の悲劇的な一族の遺産：勝利、悲劇、そして裏切り

　偉大な皇帝は、その成功にもかかわらず、多くの個人的な試練に直面した。彼の妻ファウスティナは、彼が深く愛した子供たちを何人も産んだ。彼らの天使のような顔は、数え切れないほどのギャラリーにある彫刻の中で不滅のものとなっており、父親と同じ穏やかな顔立ちを思い起こさせる。残念なことに、コモドゥスが王位を継承することになったのは、コモドゥスの子孫のうち一人だけであった。父の死後、コモドゥスは急いで愚かな条約に調印した。コモドゥスの専制的な治世は12年に及び、その残忍さと血への渇望が際立っていた。ファウスティナの名はスキャンダルで汚され、不貞の罪を着せられ、カシウスと謀って反乱を起こし、最終的に命を落としたとされている。さらに、皇帝はファウスティナを溺愛し、彼女の忠誠心を一度も疑ったことはなかった。

7.　マーカス：有能な兵士と慎重な行政官、そして物議を醸した遺産

　マーカスは有能で成功した軍人であり、慎重で良心的な行政官でもあった。彼は自分の哲学的信念に従って世界を作り変えようとはせず、むしろ先人たちの試行錯誤に従った。彼の主な目的は、自分の職務を全うし、腐敗を防ぐことだった。しかし、ヴェルスとの共同皇帝を創設するなど、賢明でない決断をしたこともあり、結果的にローマ帝国の分裂につながった。また、民政を中央集権化しすぎた。

　マーカスの最大の功績は司法行政であった。弱者や奴隷を保護する法律を制定し、孤児の父親代わりとなり、貧しい子供たちのために慈善基金を設立し、地方を圧政から守り、危機に瀕した都市や地方に援助を提供した。

　しかし、彼の名声はキリスト教徒に対する扱いによって傷つけられた。彼の治世の間、多くのキリスト教徒が迫害されたが、彼は彼らが公平な審問を受けられるような措置をとらなかった。彼は自分の名において行われた残虐行為の程度を知らなかったかもしれないが、それでも彼は支配下のすべての市民を保護する義務を怠った。彼の前任者であるトラヤヌスは、この状況にうまく対処した。

8.　ローマの道徳ストイシズムによる徳の探求

　目の肥えた人なら、ローマが支持する宗教的信条に慰めを見出すことはほとんどないだろう。半神とその物語はしばしばナンセンスか空想的で、彼らの教えは道徳的なテーマにはほとんど触れなかった。基本的に、ローマの宗教は交換だった。人々は特定の儀式や供物を捧げ、その見返りとして神々は、彼らの行為が正しいか間違っているかにかかわらず、彼らの望みを叶えた。その結果、敬虔な人々はみな哲学に向かわざるを得なくなった。

　帝政初期、哲学は2つの学派に分かれていた：ストア派とエピクロス派である。両派は表向きは似たような理想を掲げていたが、つまり、ストア派は$\alpha\pi\acute{\alpha}\theta\epsilon\iota\alpha$、つまり感情の抑制を目指し、エピクロス派は$\acute{\alpha}\tau\alpha\rho\alpha\xi\acute{\iota}\alpha$、つまり乱れからの解放を目指したが、その結果は大きく異なっていた。今日、一方は不屈の忍耐と同一視され、他方は奔放な放縦を意味する。エピクロス主義についてはここでは触れないが、ストイシズムの歴史と信条を概観しておくことは有益であろう。

9.　ストア派発祥の地：キプロスにおけるゼノンの生涯と遺産を探る

　東洋と西洋の文化的交差点であるキプロスは、ゼノが東洋の影響を受けた可能性はあるが、フェニキア人の祖先がいたとしても、彼らは哲学的な試みで知られていなかったため、何の意味もない。シニックのクラテスのもとでのゼノンの教育は、他の哲学体系の探求によって補われた。その研究を個人的な洞察と結びつけ、後にアテネに自らの学派を設立し、ストア派の名前の由来となった「ペインテッド・ポーチ」または「ストア」として知られるようになった。クリシッポス（B.C.280-207）は、ゼノンに次いでストア派の形成に大きく貢献した人物である。彼はストア派を体系化し、その貢献で知られている。

10. ストイックな美徳を解き明かす：哲学の**3**つの枝を理解する

ストア学派は投機を目的化し、その目的は一貫して生きることであり、自然に適合して生きることとしても知られている。自然に従うことは、ストア派の美徳の概念であった。しかし、この考え方は、自然の衝動に従うことが美徳に等しいと誤解されやすく、ストア哲学の真実からはかけ離れている。自然に従って生きるためには、自然とは何かを理解することが重要である。そのため、哲学は3つの分野に分かれている：宇宙とその法則、神の統治、目的論を分析する「物理学」、真偽を見分ける心を磨く「論理学」、そしてこれらの知識を実践に移す「倫理学」である。

11. 唯物論と汎神論の出会い：ストア派思想の霊的パワーを解き明かす

ストア派の思想は、汎神論を取り入れた唯物論の哲学であった。プラトンの、現象のイデアまたは原型のみが真の存在を保持するという信念とは異なり、ストア派は物理的な物体が唯一存在する実体であると主張した。しかし、彼らは物理的宇宙に深く根ざした霊的な力を認めており、それは火、エーテル、精神、魂、健全な理性、支配原理などさまざまな形を通して表現された。

12. ストイックな神との一体化への道：宇宙における徳と摂理

宇宙は神であり、一般的な神々は単なる現れにすぎない。伝説や神話は寓話的なものである。人間の魂は神格からの発露であり、最終的には神格に再吸収される。神の支配原理は、すべてのものが全体の大いなる善のために協力し合うことを保証する。人間にとって最高の善とは、共通善のために意識的に神と協力することであり、これこそストア学派が自然と調和して生きることで目指したものである。徳だけが、個人がこれを達成することを可能にする。摂理が宇宙を支配するように、徳は人間の魂を支配しなければならない。

13. ストイック・システムの力を解き放つ：人生の基準と美徳を発見する

　ストア派は、真理のテストに対する独自のアプローチ、すなわち「クライテリオン」で知られている。彼らは、生まれたばかりの魂を、書かれるのを待っている白紙に例えた。感覚はその印象（$\phi\alpha\nu\tau\alpha\sigma\iota\alpha\iota$）を残し、やがて魂は無意識のうちに一般的な観念（$\kappa o\iota\nu\alpha\grave{\iota}\acute{\varepsilon}\nu\nu o\iota\alpha\iota$）を形成する。印象が強すぎて抵抗できない場合、それは$\kappa\alpha\tau\alpha\lambda\eta\pi\tau\iota\kappa\grave{\eta}\ \phi\alpha\nu\tau\alpha\sigma\iota\alpha$、または「保持知覚」として知られ、真実から生じるものである。ストア派は、この「保持知覚」を通して、人為的に作り出された観念や推論をテストした。倫理的な適用に関しては、最高の善は生命の徳とみなされた。ストア派にとって、幸福は徳によってのみ達成可能であり、悪徳は不幸をもたらすだけである。彼らは、美徳と悪徳の間に階梯はなく、健康、病気、富、貧困、快楽、苦痛といった外界のものは$\alpha\delta\iota\acute{\alpha}\phi o\rho\alpha$（無関心）であり、美徳が行動するための舞台を提供しているに過ぎないと主張した。理想的な賢者は$\alpha\acute{\upsilon}\tau\alpha\rho\kappa\eta\varsigma$（自足）であり、この知識によって、たとえ苦悩していても満足する。賢者であることを主張する者はいなかったが、キリスト教徒がキリストのようになろうと努力するのと同じように、彼らは賢者を理想とした。その後、ストア派は無関心なものを好ましいもの（$\pi\rho o\eta\gamma\mu\varepsilon\nu\alpha$）と望ましくないもの（$\acute{\alpha}\pi o\pi\rho o\eta\gamma\mu\varepsilon\nu\alpha$）に細分化した。また、まだ完全な知恵を得ていない者にとっては、無関心なもののように中間的な位置を占め、ある行為が適切（καθήκοντα）であると考えた。

14. ストイック哲学自制心とグローバルな団結を受け入れる

　ストイック哲学は2つの特筆すべき側面を誇っており、十分な焦点を当てる必要がある。第一に、人間がコントロールできる範囲内と範囲外の要素を綿密に区別している。欲望、嫌悪、意見、愛情といった感情は人間の意志がコントロールする。逆に、健康、富、地位といった所有物は、私たちのコントロールの外にある。ストイシズムは、感情や意見を自制し、神の摂理が宇宙を支配するように、意志の導きのもとに全存在を一致させることを強化する。この概念は、ギリシャの中庸の美徳（σωφροσύνη）を反映しており、キリスト教倫理においても同様に共鳴している。

　第二に、ストア主義は宇宙の統一性と、巨大な全体の一部としての個人の責任を強調する。古代世界では、公共の精神は崇高な政治的美徳として認識され、それはコスモポリタニズムの延長線上にある。驚くべきことに、キリスト教の賢人たちもこの概念を繰り返し、ギリシア人かヘブライ人か、絆があるかないか、自由かどうかといった違いが分裂することのない世界的な兄弟愛を強調し、信者は神とともに働く仲間として生きている。

15. マルクス・アウレリウスの瞑想に秘められた宗教哲学：注目される人生のストレスの中で、優しくやる気を起こさせる力

　マルクス・アウレリウスの『瞑想録』の根底にある体系は、この本のメッセージを理解するために不可欠だが、私たちの最大の関心は別のところにある。マルクス・アウレリウスにストイシズムの包括的な教えを求めるのではない。マルクス・アウレリウスは、学校の校長のように生徒のために教義を確立することを目的としていない。マルクス・アウレリ

ウスは、自分の書いたものを他人が読むことすら想定していない。それどころか、彼の哲学は、熱心な知的探求というよりは、むしろ深い宗教的感情から生じている。ゼノンやクリシッポスのような厳格さとは異なり、彼の信念は、敬虔さ、寛容さ、正直さ、優しさによって、より穏やかで柔軟なものとなっている。そのおかげで、ストイックな賢人にありがちな厳しい諦観を、彼を動かす力に変えることができたのだ。彼の著書は、彼の心の奥底にある考えを記録したものであり、それを解き放つ役割を果たしている。また、この本には、彼が職務のストレスや、知名度の高い人生における数え切れないほどの気晴らしに対処するための道徳的な教訓や考察が含まれている。

16. ストア派からキリスト教へ：内なる平和と自己改善の探求

黙想録』ともう一冊の名著『キリストの模倣』を読み比べると、示唆に富むことがわかる。どちらの本も、自分に打ち勝ち、日々強くなることに重点を置いて、自制心を促している。心の平安を得るためには、情熱に抗うことを学ばなければならない。イミテーション』では、毎日、朝か寝る前に、自分の行動や考えを振り返ることを勧めている。

ストア派が控えめな自立を促すのに対し、キリスト教は謙虚さ、柔和さ、神の存在と個人的な友情への信頼を提唱する。どちらの哲学も、世俗的な所有物から離れることを信奉者に促すが、キリスト教は主に放棄に重点を置き、ストア派は義務を強調する。

ストア派もキリスト教徒も、人間は常に支えと援助を必要とする社会的存在であると認識している。キリスト教は、熱意、高揚した感情、ぬるま湯を避けることの重要性を奨励し、ストア学派は、自分の能力を最大限に発揮して義務を果たすことのみを強調する。

　最後に、どちらの信仰もこの世の無意味さを認めている。たとえばキリスト教徒は、この世の人生は悲惨で、はかなく、幸福な瞬間はほとんどないと考えるが、ストア派は、この世は決して十分ではないと強調する。人生の日々は影のように突然過ぎ去っていく。

17. 内なる真正性を解き放つ：マルクス・アウレリウスの魂を探る

　今回取り上げる2冊の本の大きな違いのひとつは、『模倣』が他者に向けて書かれているのに対し、『瞑想』は著者自身に向けて書かれていることだ。模倣』では、著者の個人的な生活についての洞察はなく、ただ自らの教えを守っているだけである。逆に『瞑想録』では、著者の心理を親密かつ率直に探っている。

　個人的なメモであるにもかかわらず、『瞑想録』は独りよがりでも説教臭くもない。告白はしばしば自意識過剰で、尊大になったり、粗野になったりする危険性がある。聖アウグスティヌスやジョン・バニヤンでさえ、その善意はともかく、自分の悪行を誇張することで知られている。対照的に、マルクス・アウレリウスは誠実で気取らず、聴衆に感銘を与える必要がない。最も深遠な哲学者ではないかもしれないが、彼の信憑性は輝いている。これは純粋で穏やかな魂なのだ。

　一般的な悪癖が彼を誘惑しているようには見えない。中毒の鎖から解き放たれようともがくこともない。彼が自分自身に認める欠点は、たいていの人が気づかないような些細な欠点であることが多い。神の霊に仕えるためには、人間と神の両方に対する虚栄心や不満など、激しい情熱や否定的な感情から純粋であり続けなければならない。彼はまた、揺るぎない気品と尊敬の念の重要性も強調している：「誰かが何をしようが、何を言おうが、その人に親切にしなさい。誰かが無礼なことをしたら、親切にしてあげなさい。"

　他人は私たちを怒らせるかもしれないが、彼らが本当に怒らせているのは自分自身に対してだけだということを、皇帝は思い出させてくれる。だから、怒りの代わりに思いやりを捧げなければならない。矯正を必要とする者には、注意深く、繊細に接し、常に学び、成長する意欲を持つべきである。「最高の復讐とは、彼らのようにならないことだ」と彼は忠告する。本文中には赦しの例が数多く散りばめられており、これらのノートが、それらが照らし出す事件の後、できるだけ早く取られたことを示唆している。おそらく彼は、自分の指針となる原則を思い出し、将来もその原則に忠実であり続けるために、このノートを書いたのだろう。

　マルクスを王位から転覆させようとしたアヴィディウス・カッシウスの物語は、皇帝が自らの信念を堅実に実践していたことを物語っている。悪は善によって打ち負かされなければならない。なぜなら、自然は人間の欠点を補うために高潔な特性を備えているからだ。例えば、恩知らずな人間に対しては、善意と優しさが解毒剤として与えられている。

18. 敵から友へ：感謝する作家の心

　敵に親切な人は、忠実な友人にもなりやすい。このことは、彼を助けてくれた人々への感謝の表現でページが埋め尽くされている作家にも確かに当てはまる。ファースト・ブック』の中で、彼は家族や恩師への恩義を棚卸ししている。穏やかな物腰は祖父のおかげ、羞恥心と勇気は父のおかげ、信心深く寛大な性格は母のおかげである。彼の師であるルスティクスは、作家をより良い人生へと導くために時間を無駄にしなかった。アポロニウスは彼に素朴さ、理性、感謝、そして真の自由への愛を植え付けた。数え上げればきりがない。

作家が出会ったすべての人が、彼に肯定的な何かを残していったように見えるが、それは常に他人の最善を想定していた彼の人柄の良さを物語っている。

19. 高潔だが疑わしい魂：哲学的思想家の信念なき理想を検証する

　もし彼がキリスト教の理想を体現する正直で真実な心を持っていたとすれば、キリスト教のバックボーンである信仰を欠いていたことはさらに驚くべきことである。彼は神の存在の可能性を認め、もし神が存在するならば、すべてはうまくいくが、たとえ物事が偶然に起こったとしても、人は自分の摂理で人生を切り開くことができると述べた。彼はさらに、宇宙を支配する力が存在することは認めるが、自分自身は物事の大局の中では小さな一粒であり、平穏な魂が地上生活で得られる以上の個人的な幸福は期待できないと考えた。同様に、彼は魂が純粋で透明になり、魂を閉じ込めている死すべき肉体から解放される時を熱望していた。しかし、これは内なる満足を得ることであり、肉体からの解放とは関係がない。

　さらに彼は、富や名声といったこの世の魅力はむなしく空虚なものだと考えていた。彼は、神々はおそらく自分に一般的な関心を持っているが、その最大の関心事は宇宙全体であると考えていた。彼の神々は、人間の問題に無関心で無気力なストア派の神々よりも優れていたが、彼の個人的な希望はそれほど強くはなかった。死について頻繁に言及していたにもかかわらず、彼は死についてほとんど語らなかった。しかし、無から有は生まれないし、有を消すこともできないことから、彼は自分の魂が普遍的な魂と融合することを思い描いていたのだろう。彼は毅然としていたが、その気質には疲れがあった。彼は従順な兵士のように任務を遂行し、一日の努力の終わりを告げるラッパを予期していた。ソクラテスとは異なり、彼は死を超越への入り口として、また彼が仕え尊敬する神々との謁見として歓迎した。

20. マルクス・アウレリウスの覚醒：吸収を超えて意味を求める

マルクス・アウレリウスは、自分の魂は吸収され、意識を失う運命にあると信じていたかもしれないが、その信条がいかに満足のいくものでなかったかを思い知るときがあった。そのような時、彼はより空虚でむなしいものを探した。汝は船に乗り、航海をし、陸に上がった。汝は出て行け、もし別の人生へ行くのなら、そこでもまた汝は神々を見出すであろう。この発言は、議論のための対立理論の仮定を超えている。世俗のものが夢に過ぎないのであれば、真に実在するものへの目覚めがあるかもしれない。

死は必要な変化であると語る彼は、変化なしには有益で有益なものは生まれないことを認めている。おそらく彼は、死ななければ早まらない麦の実の変化を思い出したのだろう。腐敗から再生する自然の驚くべき能力は、物理的なものだけに限定されるものではない。彼の考えの多くは、聖パウロの遠いこだまのように聞こえる。この最もキリスト教的な皇帝が、キリスト教徒について肯定的なことは何も言わず、その代わりに彼らを『激しく情熱的に反対しようとする』宗派と呼んだのは皮肉なことだ。

21. 儀式から正義へ：マルクス・アウレリウスが証明した心豊かな生き方への道

これらの瞑想は哲学ほど深遠なものではないが、マルクス・アウレリウスは自分が出会った体験の本質を認識するのに十分な誠実さを持っていた。古代の宗教は、必要な儀式を済ませることで神々の怒りを鎮めるという、外面的な修行が中心であった。たとえ神々が正義を支持したとしても、神々は意図よりも行為に関心を寄せていた。対照的に、マルクス・アウレリウスは、人の思考が行動を決定することを知っていた。「あなたの心は、あなたが頻繁に考えることによって形作られる」と彼は書いており、思考が必然的に行動につながることを理解していたことを示している。彼は自分の魂を正しい原則で鍛え、いざというときにその原則に導かれるようにした。緊急事態に襲われるまで待っていたのでは遅すぎる。彼の著書のすべてのページが、このことを強調している。

22. 幸福についての真実：なぜ喜びだけでは十分ではないのか

彼はまた、幸福の本質を理解している。もし幸福が快楽の中にしか見いだせないのであれば、なぜ悪名高い強盗や不道徳な人間、殺人者、暴君も豊かな快楽を味わうことができるのか」と。この世のあらゆる快楽を手に入れたある人物は、こう書いている。"真の幸福は、純粋な心、高貴な志、高潔な行いを持つことにある"。

23. 優しい戦士-ある皇帝はいかにしてローマに平和をもたらしたか

運命のいたずらで、優しさ、善良さ、のんびりとした存在への願望を体現していたこの男は、東西両戦線からの大きな危機の時代にローマ帝国の舵取りをすることになった。彼は数年間、自ら軍を率い、クアディの前で野営していたときでさえ、『瞑想録』の第一巻を書き上げた。

その地位に伴う華やかさや派手さを嫌っていたにもかかわらず、彼は職務に専念し、確固たる義務感を持ってそれを遂行した。普通の男たちとは違い、彼を突き動かしていたのは野心でも栄光への夢でもなかった。それにもかかわらず、彼は欠かさずそれらを完遂した。帝国の運命が彼の能力にかかっていることを知っていたからだ。彼の戦いは長く長引いたかもしれないが、最終的には成功を収めた。賢明な政治家として、彼は北方の蛮族の大軍が差し迫る危険を予見し、ローマを守るために先手を打った。彼の決断によって、ローマ帝国は2世紀にわたって途切れることのない平和な時代を築いた。もし彼が、帝国の国境をエルベ川まで押し広げるという目標を達成できていたら、さらに多くのことを成し遂げていただろう。残念なことに、死が彼の野望にストップをかけた。

24. マルクス・アウレリウスの逆説的な生涯と最期：平和の戦士の遺産

　マルクス・アウレリウスは、不利な状況に直面しても、心の力を実証するまたとない機会を得た。彼は平和的な戦士であり、卓越した統治者であった。彼は、その運命的な偉大さにもかかわらず謙虚であり続け、愛情深い父親であった。彼の人生は明らかに矛盾に満ちていた。結局、彼はできる限りのことを成し遂げて、軍のキャンプで敵前で最期を迎えた。

BOOK 1

- 慈しみと目的のある人生を生きる

思いやりと目的を持つこと。すべての人に共通する人間性を思い出させてくれたマーカスの父親から、私たちは学ぶことができる。私たちは有意義な人間関係を築き、優しさを持って正義に取り組み、世界に良い影響を与えることができる。バランスを取り、トラブルを避け、心の平和を大切にすることが大切です。これらの原則を念頭に置くことで、私たちは自分にも他人にも利益をもたらす、有意義で充実した人生を築くことができる。

1. **ヴェルス祖父の力強い遺産：善良なモラルから感情のコントロールまで**

祖父ヴェルスは私に道徳を教え、感情をコントロールする方法を教えてくれた。

2. **評判を高める謙虚さと男らしさの力：父からの教え**

父の評判と記憶からすると、謙虚さと強く男らしい性格の両方を持つことが重要だ。

3.　母の教え敬虔さ、寛大さ、シンプルなライフスタイルの力

　母は私に強い敬虔さと寛容さを教え、悪い行いだけでなく否定的な考えも慎むことを約束させた。さらに、裕福な人々の贅沢な生き方とはまったく違う、シンプルな生き方をするよう教えてくれた。

4.　家庭からの教訓：曽祖父の教育投資がいかに実を結んだか

　私の曽祖父は公立学校には通っていなかったが、優秀な家庭教師に恵まれていた。彼はそうしたことに惜しみなくお金を使うことを信条としていた。

5.　古代ゲームにおける政治、倫理、行動についての知事の賢明な教訓

　総督は私に、サーカスの試合では緑派にも青派にも属さないこと、剣闘士の試合ではパルミュラリウス派にもスキュータリウス派にも属さないことを教えた。彼はまた、勤勉、質素倹約、自給自足、自分の仕事に心を配ること、ゴシップに加担しないことといった価値観を私に植え付けた。

6.　哲学とスパルタの簡素さを受け入れる：ディオグネトスに学ぶ

　ディオグネトスから、私はつまらないことに時間を浪費しないこと、悪魔祓いや超自然的な偉業を成し遂げる力があると公言する詐欺師や呪術師の主張を退けることを学んだ。私は戦いのためにウズラを飼育することも、そのような軽薄な追求に従事することも控えた。その代わり、私は自由な言論を受け入れ、哲学に没頭し、最初はバッキウス、次にタンダシス、最後にマルキアヌスの弟子になった。若い頃、私はいくつかの対話文を書き、スパルタの質素な生活を志していた。木の板でできたベッドで眠り、古代ギリシャの習慣を守る必需品だけを使うことを選んだ。

7.　しつけのレッスン：ラスティカスが私の人格形成に与えた影響

　ルスティカスは私に、自分の性格には改善と鍛錬が必要だと気づかせてくれた。彼は私に、詭弁を弄すること、思弁的な事柄について書くこと、取るに足らない演説をすることを避けるよう教えた。自分の規律や慈悲深い行為を見せびらかしたり、美辞麗句や詩、派手な文章を書いたりしないよう忠告してくれた。また、外着のまま家の中を歩き回ったり、同じような行為をすることも戒められた。

　さらにルスティカスは、シヌエッサから私の母に書いた手紙のように、簡素な手紙を書くことも教えてくれた。彼はまた、私を不当に扱った人たちを簡単になだめ、和解させることの重要性を強調した。

　加えて、ルスティカスは私に、本の表面的な理解に甘んじず、注意深く読む習慣を植え付けた。彼は私に、しゃべりすぎる人に急いで同意しないようにと警告した。

　彼の個人的なコレクションからエピクテトスの言説を紹介してくれたルスティカスに感謝している。

8.　アポロニウスの知恵意志の自由と揺るぎない決意についての教訓

　私はアポロニウスから意志の自由と揺るぎない決意を学んだ。彼は私に、理性だけに集中し、鋭い痛みに直面しても、子供を失っても、長い病気に直面しても、揺るがないことを教えてくれた。アポロニウスは、毅然とした態度と屈託のなさを併せ持つことができること、そして知恵を授ける際に決して卑屈にならないことを、自らの模範を通して示してくれた。私は、アポロニウスが哲学的原理を説明する経験と技術を自分の最も小さな業績と考えていることを観察した。アポロニウスは、謙遜したり軽視したりすることなく、友人からの好意を受け入れる方法を教えてくれた。

9. セクストゥスの慈悲深く落ち着いた性質：自然と調和した人生を送る

　セクストゥスは、その慈悲深い人柄と、父親のような指導で家庭を率いた模範として記憶されている。自然と調和した生き方を信条とし、気取ったところがなく、自然な重々しさをもっていた。彼は友人の幸福を注意深く見守ることを心がけ、他人の賢明でない性急な意見にも寛容だった。セクスタスにはどんな状況にも適応できるユニークな能力があり、彼と接するのは楽しいものだった。彼を知る人々もまた、彼を高く評価していた。彼は人生に対して知的で理路整然としたアプローチを持っており、その洞察力を活かして充実した存在に必要な原則を発見し、整理していた。セクスタスは常に冷静沈着で、怒りや情熱に身を任せることはなかった。彼は愛情深い性格で知られ、自慢や派手な表現なしに賛意を表すことができた。さらに、彼は驚くほど博識であったが、目立ったり仰々しく見せたりする必要はなかった。

10. 文法学者アレックス効果的なコミュニケーションのための機転の利いた訂正をマスターする

　文法学者であるアレクサンダーは、おかしな表現や間違った表現を使っている人たちを非難するのはやめなさいと忠告している。その代わりに、彼は言葉そのものではなく、トピックに関する確認、質問、提案という形で、正しい表現を巧みに導入することを提案している。

11. フロントの教訓：エリート・パトリシアンの専制、妬み、二枚舌、偽善、育児放棄を解き明かす

　私はフロントから、横暴な人間の嫉妬、二枚舌、偽善の表れを観察することを学んだ。さらに、一般的にパトリシア

ンと呼ばれる人たちは、親としての愛情に欠けていることが多いこともわかった。

12. プラトン人アレクサンダーの非の打ちどころのない倫理：責任と時間のバランス

プラトニックなアレクサンダーは、スピーチや文章で時間がないことを述べる必要はめったにない。また、周囲の人々に対する責任を怠る口実として、緊急の用件を使うことも避ける。

13. カトゥルス、ドミティウス、アテノドトスから学ぶ友情、尊敬、子育ての教訓

カトゥルスは私に、たとえ理由がなくても、友人が欠点を見つけても無関心でいてはいけないと教えてくれた。その代わり、相手をいつもの性格に戻すよう努めるべきだ。さらに、ドミティウスやアテノドトスがしたように、教師を高く評価することも大切だ。何よりも大切なのは、心から子供たちを愛することである。

14. 理念と政治のレッスン：兄セヴェルスが私の理想に与えた影響

兄セヴェルスは私に家族、真実、正義を愛することを教えてくれた。彼は私にスラセア、ヘルヴィディウス、カトー、ディオン、ブルータスを紹介し、彼を通じて、法が万人に平等に適用される社会、誰もが平等な権利を持つ社会、言論の自由、臣民の自由を重んじる君主制という概念を身につけた。彼は私に、哲学に対する一貫性と揺るぎないコミットメント、善行と人助けへの意欲、そして人生に対する前向きな考え方を植え付けた。私は彼から、自分の信念を透明にすることの大切さを学んだ。彼は、自分が否定する人についての意見を隠すことはなかったし、自分の欲望や考えを自分の

中に留めておくこともなかった。彼が何を望んでいるかは明らかであり、友人たちはそれを察する必要はなかった。

15. マキシマス自治と不屈の正義の術

マキシマスからは、外的要因に振り回されることなく、自らを律する術を学んだ。彼はまた、逆境や病気に直面しても、明るい性格を保つことの大切さも教えてくれた。彼の人徳は優しさと威厳の微妙なバランスを保っており、どんな仕事に直面しても不平を言うそぶりは見せなかった。

私がマキシマスを最も尊敬していたのは、彼が常に正直かつ誠実に自分の考えを語っていたことだ。決して悪意はなく、彼の行動はその純粋な意思を反映していた。彼は決して驚いたり急いだりせず、やるべきことを後回しにしなかった。マキシマスはどんな状況でも常に冷静で、笑いでつらさを隠そうとしなかった。にもかかわらず、過度に情熱的になったり、疑心暗鬼になったりすることはなかった。

マキシマスは、真の博愛と寛容の生活を維持し、常に真実であった。彼は常に何が正しいかを知っている人間像を体現していた。彼の態度には、不屈の正義感が投影され、周囲の人々から最大限の尊敬を集めていた。

印象的な資質に加え、マキシマスは明るく、ユーモアの才能があり、周囲の人々を和ませた。

16. 謙虚で高潔：父の肖像

私は父の温和な気質、熟慮の末の変わらぬ決意、そして名誉に対する真の謙虚さを観察していた。父には強い勤労意欲と忍耐力があり、公共の利益のための提案には耳を傾けようとした。彼は誰に対しても、その人にふさわしい態度で接し、経験から得た知識によって、力強く行動する時と自制する時とを教えてくれた。彼は少年に対する誘惑をすべて克服し、自分は他のどの市民よりも特別な存在ではないと考えていた。彼は友人たちに食事や同伴を要求することはなく、そうできない人々に対しても一貫した態度で接した。彼は粘り強くすべての審議を注意深く調査し、表面上の見かけに満足することを拒んだ。また、友人に対しては過度な溺愛をすることなく忠実な気質を持ち、同時に明るく、どんな些細なことでも将来の事態に備えていた。また、大衆の喝采やお世辞を気にすることなく、帝国と支出を管理し、それに対する批判を忍耐強く受け入れていた。神々に迷信を抱くこともなく、お世辞や贈り物で承認を求めることもなかった。その代わり、極端なことはせず、慎ましく謙虚に生きた。傲慢になることなく、気取ることなく、幸運が与えてくれた日用品を楽しんだ。彼は衒学者でも詭弁家でもなく、家庭育ちの軽薄な奴隷でもなく、むしろ優れた経営能力を持つ熟練者であった。彼は真の哲学者を尊敬していたが、本物でない哲学者を批判することはなかった。彼は偽りなく楽しい会話を交わし、同時に外見にうぬぼれることなく身体の健康にも気を配った。健康的な生活を心がけていたため、頻繁に医者を必要とせず、雄弁や法律の知識など、独自の才能を持つ人物を高く評価し、励ました。彼は常に国の制度に従って行動し、自己中心的な態度を公にすることはなかった。安定と一貫性を好み、習慣を変えることはほとんどなく、自分の好きな活動に集中していた。頭痛に見舞われても、すぐにいつもの日常に戻り、新たな活力を取り戻した。彼の秘密はまばらだが、公的なことにしか関係しない。公共事業や建設、見世物などで資源を慎重かつ経済的に使うなど、効率的な管理能力を発揮した。彼は自分の名声に関して個人的な利益を求めず、その代わりに道徳心に従って行動した。彼は適切な時間に入浴し、贅沢な家を建てることを追求せず、衣服の色や質感にこだわらなかった。彼は主にロリウムやラヌビウムの衣服を身にまとっていた。許しを乞うたトゥスクルムの通行料徴収人に対する扱いはよく知られているが、彼はどのような場合でも同じような振る舞いをした。彼は厳しくも容赦もせず、過剰な行動もとらなかった。それどころか、まるで時間が有り余っているかのように、何事も論理的に、注意深く、一貫して吟味した。他の人にはできないことを、過剰になることなく、控えたり楽しんだりすることができた。マキシマスの闘病中、彼がマキシマスに接したことからも明らかなように、この2つの面で強くあり続けることができたのは、彼の魂の無敵さを示していた。

17. 祝福を数える人生に感謝する視点

　私の人生に多くの恵みを与えてくれた神々に感謝している。私の家族、教師、友人、仲間は皆、私に良くしてくれた。また、神々を怒らせるような誘惑に駆られたことがないことにも感謝している。

　祖父の妾と一緒に育てられなかったのも、適切な時期に性行為に及ばなかったのも、神々のおかげである。父の指導のおかげで、護衛や高価な衣服や仰々しい見栄を張る必要がなくても、人は贅沢な暮らしができるのだと教えられたことに感謝している。

　また、兄の影響で自意識が高まり、用心深くなったことにも感謝している。さらに、私の子供たちが身体的、知的な問題に直面していないことにも感謝している。

　私はある分野では優秀ではなかったが、アポロニウス、ルスティクス、マクシムスといった偉大な教師たちから学ぶ機会があったことに感謝している。彼らの教えを通して、自然に従って生きるとはどういうことかを深く理解することができた。

　私の身体は、困難に直面しながらも、長年よく持ちこたえてくれた。ベネディクタやテオドトスに対する情欲的な感

情を行動に移すことなく、その感情を克服できたことに感謝
している。

　晩年、母がそばにいてくれたこと、そして必要に応じて
人を助けることができたことに感謝している。また、従順で
愛情深い妻と、私の子供たちを導いてくれた優れた教師たち
にも感謝している。

　最後に、詭弁や歴史、占星術の研究といった軽薄な追求
に時間を浪費しなかったことに感謝している。その代わり
に、神々に感謝しながら、充実した誠実な人生を送ることに
専念してきた。

BOOK 2

- 意義ある存在の発見

瞬一瞬を大切にし、自分の人生を管理する。不道徳な行動を慎み、死を恐れるのではなく、生を受け入れることが大切だ。現在を生きることは非常に重要であり、他人の信念や思い込みを理解する時間を取ることは、洞察力と平穏を得るのに役立つ。これらの原則を取り入れることで、日々の生活に大きな目的と満足感を見出すことができる。

1. 善良さを受け入れ、醜さを克服する：前向きな気持ちで一日を始める方法

おせっかいな人、恩知らずな人、偉そうな人、不誠実な人、嫉妬深い人に遭遇する可能性があることを思い出すことから一日を始めよう。こうした人たちは、善悪についての知識がないためにこのような行動をとる。しかし私は、善は美しく、醜は反吐が出るということを理解するようになった。さらに、悪いことをする者は、血筋や血統だけでなく、知性と神の摂理によって私と同じなのだ。したがって、彼らは私に危害を加えることはできないし、彼らを軽蔑したり憎んだ

りすることもできない。互いに協力し合い、足、手、まぶ
た、歯のように調和するのが私たちの本性である。反対に行
動することは自然に反することであり、お互いに迷惑をかけ
たり、避けたりすることはその指標となる。

2.　死について考える：意識を受け入れ、肉を捨てる

　私は支配する意識と並んで、肉と呼吸の単なる組み合わ
せにすぎない。本やその他の気晴らしを脇に置く時が来た。
肉は血液、骨、神経、静脈、動脈からなるさまざまなネット
ワークからなる単なる構成物だからだ。常に吐き出され、吸
い込まれる空気からなる自分の呼吸について、少し考えてみ
よう。最後に、自分の支配する意識に集中してください。社
会の期待や欲望の束縛から解放された老人になっている自分
を思い浮かべてください。自分の現状を受け入れ、将来起こ
るかもしれないことを恐れない。

3.　神聖なる青写真つながった宇宙における運命とバランスを受け入れる

　神の起源であるものにはすべて思慮が込められている。
偶然から生じたものは自然から孤立しておらず、神の計算に
よって配置された要素と複雑に結びついている。すべてはこ
の相互関係から生まれ、運命と宇宙の大いなる善に導かれ、
あなたもその不可欠な一部である。自然を構成するすべての
要素の幸福は、全体が何を必要とし、何がこの均衡の維持を
促進するかによって決定される。宇宙は、元素とその構成要
素の相互作用によって支えられている。これらの信条で十分
である。この世界を不満足なままにしてしまわないように、
過度に知識を渇望してはならない。感謝、誠実さ、喜びをも
って、神の意志を受け入れながら、一瞬一瞬に接しなさい。

4.　時間がなくなる前に、神のチャンスをつかめ

　これらの仕事を先延ばしにして、どれだけの時間を無駄にしてきたか、また、神からどれだけのチャンスを与えられながら、それを行動に移せなかったかを思い出してください。今こそ、この広大な宇宙における自分の位置を認識し、自分の存在がその神聖な秩序の現れであることを認めるときだ。あなたの時間は限られており、心をクリアにするために必要なステップを踏まなければ、それは失われ、あなた自身も失われ、二度と戻ることはない。

5.　平和な人生へのローマガイド尊厳、愛情、自由を得るために

　どの瞬間にも、品位、愛情、自由、正義を完璧に備えたローマ人のように考え、行動すること。目の前の仕事にのみ集中し、他のあらゆる雑念から自分を解放しなさい。不注意、理性に対する情熱的な嫌悪、偽善、自己愛、現状に対する不満などを持たず、人生の一瞬一瞬を最後の瞬間であるかのように生きることで、自分に心の平安を与えなさい。神々のような平穏な人生を送るために必要なものがいかに少ないかがわかるだろう。これらの原則を守ることで、神々はそれ以上あなたに何も求めないだろう。

6.　魂を守る：外的承認よりも自己価値を受け入れる

　自分自身を傷つけるな、私の魂よ。もしあなたが間違ったことをするなら、あなたは自分自身を尊ぶ機会を奪うことになるからだ。すべての人の人生は完結している。あなたの幸福は内面からではなく、他人の承認から生じている。自分自身の魂を大切にし、大切にする時なのだ。

7. バランスを見つける 気が散ることを避け、生産的なことを受け入れる

外部からの雑念があなたの集中力を奪っていませんか？何か新しく前向きなことを学ぶ時間を自分に与え、混乱のサイクルから抜け出しましょう。無意味な活動で自らを疲弊させ、思考の方向性が明確でない人は、人生も無駄にしている。

8. 自分の考えを無視することの危険性：不幸への道

他人の思考に気づかないことが原因で不幸になる人はめったにいない。しかし、自分の心の考えや行動に注意を払わないと、不幸になる可能性がある。

9. あなたの本性を解き放つ：宇宙の調和を理解する

宇宙の本質と自分自身の本質を常に念頭に置く。それらが互いにどのように関係し、物事の大きな流れの中で自分がどのような役割を担っているのかを考えなさい。自分の本性に従って行動し、発言することを妨げるものは何もないということを忘れないでください。

10. 欲望対怒り：テオフラストスによる不法行為の非難可能性に関する哲学的考察

テオフラストスは、さまざまな種類の犯罪を比較し、賢明な哲学者として、怒りによって引き起こされる犯罪よりも、欲望によって引き起こされる犯罪の方が非難されるべきものだと主張している。個人が怒りに駆られて行動するとき、彼らは論理を無視しているように見えるが、同時に不快感を感じ、自分自身をコントロールできなくなっている。しかし、欲望から過ちを犯す人は、より過剰な行動に走りやすく、女性性に典型的に関連する一種の性格的な弱さを示す。したがって、快楽のために行った行為は、苦痛のために行っ

た行為よりも非難されるべきものである、と彼は適切に示唆している。要するに、前者は傷害に反応し、怒りに駆られて行動せざるを得なくなった人を反映したものであり、後者は自ら招いた情熱が悪行へと向かわせたものなのである。

11. 不確実性を受け入れる未知を恐れず生きる

いつこの世を去るかもしれないのだから、すべての行動と思考をそれに合わせて調節しなさい。しかし、もし神々が存在し、あなたが人間の仲間から離れたとしても、恐れる必要はない。もし神々が存在せず、人間のことなど気にもかけないのであれば、宇宙に神々や摂理がないとしても、それがどうしたことだろう。しかし実際には、神々は存在し、人間のことを気にかけている。彼らは人間に現実の悪を避ける力を与えている。何か悪があるとすれば、それを避ける手段を与えてくれている。もし何かが誰かを悪くしないのなら、どうしてその人の人生を悪くすることができようか？宇宙の本質は、善悪が善人にも悪人にも無差別に起こることを見過ごしたり、大きな過ちを犯したりすることはできない。死も、生も、名誉も、不名誉も、痛みも、喜びも、善人にも悪人にも起こるが、それらが私たちを良くも悪くもしない。したがって、それらは善でも悪でもない。

12. 人生のはかない本質：死と宇宙における神についての思索

広大な宇宙では、肉体そのものも、そして時間の経過とともに、その記憶さえも。すべての形あるもの、特に快楽で私たちを誘惑し、苦痛で私たちを恐怖に陥れ、はかない名声で称賛されるものの本質を観察することは、私たちの知的能力の仕事である。私たちは、それらがいかに無価値で、卑劣で、腐敗しやすく、最終的には死んでしまうものであるかを認識しなければならない。

　私たちは、その意見や声が評判や影響力を与えている
人々を精査しなければならない。さらに、私たちは死の本質
について考えるべきだ。私たちの想像が死に帰結させるかも
しれないすべての要素を抽象化し、分解することによって死
を検証すれば、死は自然のプロセスに過ぎないことがわかる
だろう。死を恐れる者は、理解できないものを恐れる子供の
ようなものだ。

　さらに、死は単なる自然なプロセスではなく、自然の摂
理の一部であり、特定の目的を果たすものであることを認め
るべきである。最後に、人間がどのように神と類似している
のか、私たちのどの部分を通して、そしてその部分がいつ神
性と同調するのかにも注目しなければならない。

13. おせっかいな隣人の落とし穴：自分の良心を尊重し、他人を尊重する

　詩人が言うように、あらゆることを詮索し、地中のこと
まで掘り下げて回る男ほど惨めなものはない。自分の良心に
注意を払い、それを心から尊重すれば十分だということに気
づかずに、隣人が何を考えているのかを推し量ろうとする。
自分の良心を尊重するとは、感情や無謀さを排除し、神々や
人々からもたらされるものに不満を抱かないことだ。神々か
らもたらされるものは素晴らしいものであるから尊重すべき
であり、人からもたらされるものは人間性を共有するもので
あるから大切にすべきである。時には、何が善で何が悪なの
かを知らない人々の無知が、私たちの憐れみを誘うことさえ
ある。

14. はかない瞬間：私たちはなぜ、手に入れられなかったものを失わないのか？

　もしあなたがその3千倍も1万倍も長く生きることになっ
たとしても、このことを覚えておいてほしい。長いものも短

いものも同じ結末を迎える。今この瞬間は誰にとっても同じだが、滅びるものは同じではない。したがって、失われたように見えるものは、ほんの一瞬にすぎない。人は持っていなかったものを失うことはできないのだから、過去も未来も失うことはできない。つのことを心に留めておかなければならない：第一に、すべてのものは同じような形をしており、永遠から一周する。人が100年生きようが、200年生きようが、無限に生きようが、物事の大局において違いはない。第二に、最も長生きする人も、最も早く死ぬ人も、同じものを失う。今この瞬間が、本当に自分が持っている唯一のものであり、何かを持っていない人がそれを失うことはありえない。

15. 主観性を解き放つ：意見から真実を引き出す

すべては主観的なものであることを肝に銘じておくこと。キニクスのモニムスの言葉にもあるように、どんな意見も、そこから真実を抽出し、それに従って適用する能力にこそ、その有用性があるのだ。

16. 人間の魂の自虐：私たちはいかにして5つの方法で自らを傷つけているのか？

人間の魂は自分自身の最大の敵である。いくつかの方法で自分自身に害を及ぼす。第一に、展開される出来事に憤りを感じたとき、いわば宇宙の痛みや腫瘍となることである。これは、他のすべてのものの本質を包含する自然からの断絶の一形態である。第二に、怒りにとりつかれた者のように、他者から目をそむけたり、敵意をもって他者に近づいたりするとき、自らを傷つける。第三に、快楽や苦痛に屈することによって害を与える。第四に、不誠実な振る舞いや言動によって、あるいは欺くことによって、自らを裏切る。第五に、意図なしに行動したり動いたり、思慮なしに仕事をこなしたりすることで、自らを害する。理性的な存在の目的は、結局のところ、最も古い都市と政治の理性と法に従うことなのだ。

17. 内なる平和への道：哲学は人生の絶え間ない変化を受け入れるために私たちにどのように教えるか

　人間の人生は一瞬に過ぎず、常に変化する物質であり、知覚は鈍く、肉体は腐敗する。魂はつむじ風であり、幸運は予測しがたい。名声とは、判断力を欠いた資質である。要約すれば、肉体にまつわるすべては流れであり、魂にまつわるすべては夢と蒸気にすぎない。では、何が人を導くのか？答えはただ一つ、哲学である。哲学とは、自分の中にある良心を暴力や害悪から遠ざけることである。苦痛にも快楽にも優れ、偽りや偽善を排し、すべての行動に目的を持つこと。人は他人に頼ることなく、自分に起こるすべてのことを受け入れるべきである。結論として、人は幸福な心で死を待つべきである。なぜなら、死は単に、すべての生きとし生けるものの中に存在する要素の消滅を表しているからである。この連続的な変化を通じて、要素に害がないのであれば、なぜ人はこの変化とすべての要素の溶解を恐れる必要があるのだろうか？自然に従って起こることはすべて悪ではない。

BOOK 3

- 最高の人生を実現する

本当に大切な価値観を受け入れる。自分の時間をコントロールし、目的を持って生き、あらゆる機会を最大限に活用する。周囲の自然界に感謝し、日々の生活に意味を見出す。自立心を養い、誠実さを保ち、常に正直さを実践し、ごまかしを避ける。過剰を避け、定期的な運動を優先させることで、人生の目的に満足感を見いだし、環境に対してより心を配り、気配りのできる管理人になることができる。

1.　今日をつかむ：死に直面したときの精神的明晰さの緊急性

　私たちは、自分の命が徐々に失われ、残り少なくなっていることを認識しなければならないだけでなく、もし長生きしたとしても、神と人間を理解し、思索する能力がそのまま保たれる保証はないということも認識しなければならない。年齢を重ねるにつれて、知覚、栄養、想像力、食欲など、精神的な能力が失われ始めるかもしれない。しかし、職務を全うし、真実と欺瞞を区別し、人生の旅立ちの時期を見極める力には、規律ある精神が必要であり、それは失われるかもしれない。したがって、私たちは緊急に行動しなければならない。人生の終わりに近づいているからというだけでなく、物事を理解し、構想する能力が真っ先に失われるのだから。

2.　自然を超えた自然の美：不完全さの中に喜びを見出す

重要なのは、自然の後に生まれたものもまた、喜ばしく魅力的でありうるということだ。たとえばパン。パンを焼くと、ある部分が割れて独特の美しさを持つ。それがパン職人の意図したものでなくても、私たちはもっと食べたくなる。イチジクは完熟すると割れてしまうが、それがまた魅力を増す。同様に、腐りかけたオリーブにも美しさがある。とうもろこしの穂の曲がり方やイノシシの口から出る泡は、ひとつひとつは美しくないかもしれないが、自然であるがゆえに全体の美しさを引き立てている。自然を深く理解し、感謝している人にとっては、宇宙の一部であるものすべてが喜びを与えてくれる。野獣のあごに魅力を感じたり、老人に魅力を感じたりする。若さの魅力を不謹慎でなく評価することもできる。これらのことは、ある人にとっては喜ばしいことかもしれないが、自然や自然が創り出すものを熟知している人に限られる。

3.　偉大で賢明な人々の運命 - 死と死後の世界について考える

多くの病気を治したヒポクラテス自身も病気になり、最後にはこの世を去った。カルダイは多くの人物の滅亡を予言したが、運命は彼らにも追いついた。アレクサンドロス、ポンペイウス、カイオス・シーザーは、都市全体を消滅させ、戦いで何千もの騎兵や歩兵を倒したにもかかわらず、最終的には自らの運命を迎えた。ヘラクレイトスは宇宙の燃えるような死について多くの時間を費やし、ただ水で満たされ泥にまみれて死んだ。デモクリトスはシラミに滅ぼされ、ソクラテスは別のシラミに殺された。このことに何の意味があるの

だろうか？あなたは旅に出て、目的地にたどり着いた。死後
の世界にも神々は存在するのだから。その代わりに無がある
のなら、あなたはもはや苦痛や快楽に囚われることもなく、
腐敗し崩壊する肉体の奴隷のままでいることもない。肉体は
土のものであり、朽ちるものであるが、心と精神は神であ
り、永遠に続くものだからである。

4. 崇高な大義のために思考を鍛える：雑念を乗り越え、内なる神聖な
精神を抱く方法

　もしあなたの考えが何らかの共通善と一致しないのであ
れば、残された日々を他人のことで思い悩んで浪費してはな
らない。この人は何をしているのだろう、何を言っているの
だろう、何を考えているのだろう、何を計画しているのだろ
う？「この人は何をしているのだろう、何を言っているのだ
ろう、何を考えているのだろう、何を計画しているのだろ
う。この種の思考は、私たちを自己認識や主体性から遠ざけ
てしまう。私たちは自分の思考を監視し、目的のないもの、
特に詮索好きで悪意のあるものを排除すべきである。遠慮す
ることなくオープンに分かち合える事柄に限って熟考し、シ
ンプルさ、優しさ、社会的な礼儀正しさを示すようなやり方
で、自分自身を訓練するのだ。レジャーや官能的なこと、妬
み、猜疑心など、露見すれば恥になるような考えは慎みなさ
い。そのような思いに惑わされない人は、神々に仕える者、
司祭のようなものだ。彼らはまた、快楽にも苦痛にも動じ
ず、侮辱にも傷つかず、どんな不正にも影響されず、最も崇
高な大義の擁護者となる神聖な精神を自分の中に持ってい
る。情熱に押しつぶされることはなく、正義を重んじ、人生
に割り当てられたどんなことも、熟考や二の足を踏むことな
く、全面的に受け入れる。すべての理性的な魂は自分の親族
であり、人間の本性は人々の幸福を見守ることを要求する。

彼は、あらゆる意見保持者の意見ではなく、自然が意図したとおりに人生を生きる人々の意見を支持する。同様に、家庭内でも家庭外でも、下劣で不純な生活を送っている人々のことを思い出す。そのような人たちは決して自分自身に満足しているわけではないので、彼はそのような人たちからの賞賛に価値を置かない。

5.　内なるローマのリーダーを解き放て：自己充足的な責任のヒント

不本意な労働や公益を顧みない労働をせず、自分の行動に気を取られることなく、きちんと考えて行動すること。言葉に過剰な装飾を用いず、しゃべりすぎず、多くのことに首を突っ込みすぎないこと。さらに、あなたの内におられる神に導かれ、成熟した、政治的な心構えを持ったローマの指導者として、誓約や他人の証言を必要とせずに職務を全うする覚悟を決めなさい。明るく自分の責任に取り組み、外部の助けに頼ったり、他人が与えてくれる平穏を求めたりすることは避けなさい。他人に頼るのではなく、自分の力でしっかりと直立しなさい。

6.　内なる神を抱擁する人生に真の満足を見出すための合理的ガイド

人間の生活の中に、正義、真実、節制、不屈の精神、要するに、正しいことを行い、選ばずに自分の役割を果たすという自分の心の満足に勝るものを見出すなら、本当にこれに勝るものを見出すなら、心からそれを受け入れ、自分が最高だと思うものを何でも楽しみなさい。ソクラテスが言ったように、五感の影響から自らを切り離し、神々に身を委ね、人類を慈しんでいるのである。大衆の賞賛、権力、快楽の享受など、他の何ものかが、実際的な意味で真に合理的で善良なものに匹敵することは許されない。たとえ調和して共存しているように見えても、すぐに支配的になり、私たちを迷わせる。したがって、単純に、自信を持って、より良いものを選択し、それが理性的な存在である自分にとって本当に有用であることを確認し、それにしがみつくのだ。動物としてしか役に立たないのであれば、そのことを明確にし、傲慢にならずに自分の判断を維持し、信頼できる方法で結論を出すようにする。

7. 調和して生きる約束や願望を破るよりも、知性と卓越性を優先する

約束を破ったり、自尊心を失ったり、他人を憎んだり、疑ったり、呪ったり、偽善者のように振る舞ったり、壁やカーテンが必要なものを欲しがったりするような、自分にとって有益なことは決して考えないこと。それよりも、自分の良心に奉仕するために、自分自身の知性と卓越性の追求を優先させなさい。そうすることで、悲劇やうめき声に直面することも、孤独や過度の付き合いを必要とすることもなくなる。何よりも、死を追いかけたり、死から逃げたりすることなく、調和して生きることができる。魂が肉体に封じ込められている時間が長かろうが短かろうが、あなたはそれに無関心なのだから関係ない。たとえすぐに旅立たなければならないとしても、何事にも劣らない落ち着きと秩序をもってそれを行うだろう。生涯を通じて、あなたの思考が知性ある存在、そして市民社会の活動的な一員としての思考から逸脱しないようにしなさい。

8. 純粋さと完全性：真の謙虚な魂の心

謙虚で洗練された人の心には、不純物や覆い隠された傷は見当たらない。たとえ運命に翻弄され、ショーが続けられなくなったとしても、彼らの人生は充実している。さらに、彼らには従属的なものや作為的なものがなく、物事に過度に執着したり離れたりすることもない。批判することも隠すこともない。

9.　自分の意見形成能力を尊重する力

　意見を形成する能力を尊重しなさい。あなたの内面が、理性的な生き物の自然な状態や体質に反する考えを抱いているかどうかは、ひとえにこの能力にかかっている。この能力を受け入れることで、衝動的な判断を排除する知恵、他の人間に対する親身な心、神性に対する敬虔な心が保証される。

10.　手放す技術：今を生き、本当に大切なものを大切にする

　持ち物をシンプルにし、厳選したものだけを大切にする。過去は過去のことであり、未来は未知のものだ。人生は誰にとっても短いものであり、私たちは世界のわずかな部分にしか住んでいない。死後の名声でさえもつかの間のものであり、後世の人々によってのみ維持されるものである。

11.　本質を解き明かす：体系的な物体検査の技術をマスターする

　この補助具を、前述した他の補助具に加えてください：目の前にあるものの定義や説明を明確にすること。こうすることで、その物体の本質、素朴さ、全体を理解し、その固有名詞、構成要素の名前、そしてそれらが最終的に何に分解されるのかを特定することができる。人生の中で提示されるあらゆる対象を体系的に、そして正直に調べることほど、心を高めるのに役立つものはない。常に、宇宙における位置、目的、価値、そして人類との関係というレンズを通して物事を見る。最高の都市の市民として、他のすべての都市は家族のようなものだ。それぞれの対象が何であるか、その構成、寿命、そして優しさ、男らしさ、真実、忠実さ、単純さ、満足感など、あなたに求める美徳は何かを見極めなさい。したがって、あらゆる機会に、あるものはより高い力、運命、偶然、あるいは同じ血筋の誰かからもたらされたものであることを認め、親睦、博愛、正義の法則に従ってそれらをどのよ

うに扱うべきかを思い出しなさい。一方、無関心なものの価値を見極めるようにしなさい。

12. 満足への鍵を解く：勤勉さ、集中力、純粋な真正性をマスターする

理性に従い、雑念を許さず集中力を保ちながら、現在の仕事に真摯かつ冷静に取り組み、本来の自分をすぐに源に還すかのように純粋に保つならば、満足で充実した人生を送ることができる。何も求めず、何も恐れず、雄々しく真実を語ることに誇りをもって、このマインドセットを維持しなさい。この姿勢で幸福を手に入れることは誰にも止められない。

13. プリンシプル・プレシジョン人間の仕事と神のつながり

医者が緊急事態に備えて常に道具やメスを手元に置いておくように、あなたも神と人間の両方の事柄を理解し、この2つの領域が密接につながっていることを意識して、どんな小さな仕事でも実行できるよう、自分の原則を準備しておくべきだ。人間に関することは、神に関することなしには成し遂げられないし、その逆もまた然りである。

14. 今を生き、行動する：人生のストーリーを逃すな

もうあてもなくさまようことはない。自分の歴史も、偉大な古代ローマ人やギリシャ人の物語も、老後のために取っておいた本さえも読むことはない。その代わり、現在に集中して行動しなさい。非現実的な願望にしがみつくのをやめ、チャンスがあるうちに自分を大切にし始めるのだ。

15. 視覚を超えた隠された意味を解き明かす

盗む、種をまく、買う、黙っている、必要なことを察知する、といった言葉が伝える多くの意味に気づいていないの

だ。このような理解は、視覚的な認識だけに基づくものではなく、別の形の洞察力を必要とする。

16. 美徳の道受容、満足、そして内なる神聖な輝き

　肉体は感覚し、魂は欲望し、知性は理性を働かせる。動物は外見を通して物事の形を認識することができ、野獣だけでなく、理性を捨てた人間も欲望に駆られることがある。ファラリスやネロのような暴君でさえ、この性質を持っている。同様に、何がふさわしいかを見分ける能力も、神々の存在を否定し、密室で不道徳な行為に及ぶ者たちのものだ。これらの特質は万人に共通するものであるため、高潔な個人に残る特質は、何が起こっても受け入れ、出来事の成り行きに満足する気質である。さらに、彼らは自分自身の中にある神聖な輝きを守り、その静けさを乱すような不純な考えやイメージでそれを汚すことを控える。その代わり、神のように従順に従い、真実のみを語り、公正に振る舞う。そのような人は、シンプルで謙虚で満足した生活様式に不信感を抱くこともなく、最終目的地へと導く道を歩む。この最終目的地では、彼らは純粋で、穏やかで、諦めていて、自分の運命に平穏であり、後悔することもなく、この世を去ることを強要されることもない。

BOOK 4

- 内なる力を引き出す

人生の試練に打ち勝つには、まず内面的な土台をしっかりと築かなければならない。つまり、自分自身と自分の状況を受け入れ、理性と回復力を持って逆境に立ち向かう内なる強さを見つけることだ。生活をシンプルにし、現在に集中することで、より効果的に目標を追求し、満足感を得ることができる。また、他人に親切にし、目的と意欲をもって情熱を追求することも重要だ。結局のところ、この世での時間は短いということを忘れてはならない。広大な宇宙とその中での自分の居場所を受け入れることで、私たちは夢を追い求め、人生を精一杯生きるモチベーションを見出すことができるのだ。

1. 内なる炎を利用する：適応可能なセルフ・ガバナンスがどんな障害も克服する方法

自分自身を支配する内なる力は、自然と調和していれば、本質的に外的状況に適応できる。特定の素材に依存するのではなく、特定の条件に直面しながら、目標に向かって着実に進んでいく。この力は、強い炎がその中に落ちたあらゆる物体を捕らえ、焼き尽くすことができるのと同じように、対立するものから自らの素材を生み出すことさえある。小さな炎はそのような物体に窒息させられるかもしれないが、より強い炎はそれを素早く燃料に変え、さらに高く昇っていく。

2.　目的ある行動の極意：完璧な結果を出す方法

すべての行動に明確な目的があり、芸術の完璧な原則に従って実行されることを確認する。

3.　内なる平和を見つけよう：混乱と不満の中で心を静め、リフレッシュする方法

男性はよく、田舎の家、海岸沿い、山などの隠れ家を探す。あなたもそのようなものを望むかもしれない。しかし、これは最も一般的な人の特徴である。あなたには、いつでも自分の中に引きこもる力がある。自分の魂の中ほど静かで問題のない逃避先は他にないだろう。特に、考え込むとすぐに静寂が訪れるような思考を持っていればなおさらだ。内なる平和とは、適切に整理された心にほかならないと私は主張する。従って、一貫して自分自身にこの隠れ家を与え、リフレッシュさせなさい。自分の原則を簡潔かつ基本的なものに保ちなさい。これらの原則に立ち返れば、それだけで心が完全に浄化され、外界に対する不満がなくなることに気づくだろう。何があなたを不満にさせるのでしょうか？他人の欠点で苦しんでいませんか？理性的な存在は互いのために存在し、互いの欠点に耐えることは正義の一部であり、人間は無意識のうちに過ちを犯していることを忘れてはならない。互いに敵意、猜疑心、憎悪、争いを見せ、それゆえに安らかに眠った後、どれだけの人が死んだかを考えてみなさい。しかし、もしかしたらあなたは、宇宙があなたに与えたものに不満があるのかもしれない。選択肢は2つある。摂理が存在するか、すべてが偶然の一致に過ぎないか、あるいは政治的共同体としての世界を明らかにする議論を思い出せ。最後に満足しなさい。まだ物理的なことがあなたを縛っているのですか？穏やかに動こうが激しく動こうが、精神は呼吸と混じり合わないことを思い出せ。苦痛と快楽について学んだことをすべて思い出せ、そうすれば休める。名声への欲望がまだつきまとっているのか？すべてがいかに早く忘れ去られるか、われわれの両側に存在する無限の時間の混沌、喝采の空虚さ、賞賛を与えるふりをする人々の気まぐれさと判断力のなさを思い出せ。人生という舞台がいかにちっぽけなものか、そして私たちがどんな役者なのかを思い出してほしい。人生という舞台は、空間における単なる一点にすぎず、その中にあるものはすべて、意見の果実にすぎないのだ。何よりも、最も近くにあり、あなたを快楽にも苦痛にも駆り立てる力を持っているこれらの思考に移るとき、この思考を存在させなさい。

4.　共有される知性普遍の法則はいかに人類を統合するか

　私たちの知性が共有されているなら、私たちを理性的な存在にしている理性の能力も共有されている。ひいては、何をすべきで何をすべきでないかを導く共通の理性も共有される。これは普遍的な法の存在につながり、私たちを政治的共同体の中の仲間にする。実際、私たちは皆、より大きな共同体の一員であり、世界そのものが一種の国家なのである。全人類を含むと主張できる共同体が他にあるだろうか？

　私たちの知的能力、推論能力、そして法律に対する理解は、この政治的共同体を共有することから生まれる。私の地上の肉体がさまざまな要素からできているように、私の知的自己もまた、特定の源から生まれている。何もないところから生まれるものはなく、何もないところに戻るものはないからだ。

5.　死と生成の自然の謎を解く

　死は、世代と同様、自然の神秘である。私たちは同じ元素から構成されており、やがて分解されて同じ元素になる。それは、理性的な動物の性質や私たちの体質の理性に反するものではないので、恥ずべきことではない。

6.　義務の本質：なぜある仕事は本来、特定の個人のためにあるのか？

　そのような性格の人間がこのような仕事をするのは当然のことであり、それは極めて重要なことである。もし反対する者がいれば、イチジクの木の果汁が流れるのを拒むのと同じことかもしれない。しかし、やがて自分もその相手もこの世にはいなくなり、やがては二人の名前も記憶されなくなることを肝に銘じておいてほしい。

7.　知覚の力：個人的な視点を取り除くことで、いかに不平を言う能力をなくし、害悪を消し去ることができるか。

　個人的な視点を取り除けば、被害を受けたことに文句を言う能力は消える。危害に対して文句を言いたいという気持ちを取り除けば、危害そのものが存在しなくなる。

8.　非傷つけの力：傷つけられないものがいかに私たちを強くするか

　人を悪くしないものは、その人の人生を悪くもしないし、外的にも内的にも害を与えない。

9.　義務から機会へ：普遍的に有用なものの変容

　普遍的に有用なものは、そうせざるを得ない。

10. 真実の発見：すべてをただ観察することで、より良い人間になる方法

　起こることはすべて公正であると考え、注意深く観察すれば、これが真実であることがわかるだろう。出来事の連続性という意味だけでなく、すべてが適切な価値を与えられているかのように公平でバランスが取れているという意味でも。だから、あなたが始めたように観察を続けてください。そして、何をするにしても、善良な人間であるという意味において、善良であるという目標と結びつけて行いなさい。すべての行動において、常にこの目標に向かって努力するのだ。

11. サイクルを断ち切るなぜ相手の意見を取り入れても解決しないのか

　あなたを不当に扱ったり、あなたに信じさせようとしたりする人と同じものの見方をするのではなく、客観的に、ありのままに考えてください。

12. 男性にとっての2つの黄金律大義のための理性と開放性

　人間には常に2つのルールがある：第一に、理性と統率力が示唆する人間にとって有益なことだけを行うこと。第二に、誰かが自分の間違いを証明し、より良い代替案を提供することができれば、自分の意見を変えることを受け入れることである。ただし、このような視点の転換は、単に個人的な楽しみや人気取りのためではなく、正義や共同体の利益、それに類する要素に基づく強力な確信がある場合にのみ行われなければならない。

13. 理性の力を解き放て：なぜ自分を抑えてしまうのか？

　理由はありますか？あるさ。では、なぜそれを使わないのですか？理性がそれ自身の仕事を成し遂げられるなら、他に何を望む？

14. 存在から本質へ：私たちの存在の変容

あなたは部分として存在し、やがてあなたを創造した源の中に消えていく。しかし、あなたは変容し、変換によって元の本質に戻される。

15. 乳香の生け贄：祭壇に落ちた穀物の物語

祭壇の上に、乳香の粒がたくさん置かれている。一方が他方より先に倒れるが、最終的には問題にはならない。

16. 神性への10日間：合理性を受け入れ、野獣から信者へと変貌する

たった10日間で、自分の根本的な信念に立ち返り、合理性を受け入れれば、他者によれば単なる獣や猿から神のような存在に変身することができる。

17. カルペ・ディエム死が迫る前に人生を受け入れる

永遠があるかのように生きてはいけない。死はあなたに迫っている。だから、今のうちに日々を最大限に活用し、良い人間であろうと努力しなさい。

18. コースを維持するなぜ自らの行動に集中することがトラブルを避ける鍵なのか？

他人の行動を観察したり判断したりすることなく、ただ自分の行動に集中することで、どれほど多くの問題を避けることができるだろう。隣人の考えや行いを覗き見るのではなく、自分自身の行いを純粋で公正なものにするよう努めるべきだ。アガトンが述べているように、他人の道徳的な欠点に固執するのではなく、自分の原則に忠実であり続けるべきである。

19. 不死を拒否する：死後の名声を追い求める愚かさ

　死後の名声を切望する者は、自分を記憶している誰もがやがて死ぬことを理解していない。そして、彼らの後に続く者たちもまた滅び、愚かな崇拝者たちの世代を通じて受け継がれる、歪んで薄れゆく記憶だけが残る。たとえその記憶が不滅であり、記憶している人たち自身が不滅であったとしても、それがどうだというのだ？死者にとってどうなのかではなく、生きている者にとってどうなのかを問うているのだ。限られた有用性を除いて、賛美の価値とは何だろうか？自然からの贈り物を拒絶し、他の何かに執着することで、あなたは人生の真の喜びを自ら否定しているのだ。

20. 本質的な美：真の美しさには、なぜ評価や賞賛が不要なのか？

　美を持つものはすべて、本質的に美しいものであり、その価値を証明するために外部からの評価や賞賛を必要としない。賞賛や批評は、そのものの本質的な美しさを高めることも損なうこともできない。これは、物質的な所有物や芸術のような一般的に認識されている美の形態にも、道徳や美徳のようなより抽象的な概念にも当てはまります。

　真の美しさには、法律や真実、博愛、謙虚さと同じように、正当化も肯定も必要ない。これらの資質はどれも、賞賛されることによって美しくなったり、批判されることによって非難されたりするものではない。例えば、エメラルド、金、象牙、紫、竪琴、小さなナイフ、花、低木は、それらに対する外的な意見のみに基づいて評価されたり、低く評価されたりすることはない。それらの美しさは本来備わっているものであり、外部からの評価を必要としない。

21. 変容と変容：死を超えた魂と肉体の存続を探る

　もし魂が死後も存在するのだとしたら、魂はどのようにして永遠に空中に存在し続けるのだろうか？また、長い間埋葬されていた人々の肉体を、大地はどのように封じ込めているのだろうか？ここでは、肉体の変容と溶解が新たな肉体に道を開き、魂も変容して空気中に拡散した後、燃えるような性質を帯び、普遍的な知性に加わる。このように、大地と空気は新鮮な肉体と魂のための場所を作るのである。これが、魂が存在し続けることを支持するひとつの答えである。

　しかし、私たちや他の生き物が日々摂取している膨大な数の動物もまた、ある意味で私たちの中に埋もれていることを考えなければならない。しかし、私たちの身体はこれらの変化に適応し、それらを血液に変え、最終的には空中や炎のような要素へと変化させる。

　では、この問題の背後にある真実とは何なのか？それは、形の物質的原因と形式的原因の区別にある。

22. 正義に基づく行動の前の理解

　地に足をつけ、すべての行動において正義を念頭に置く。反応する前に、常に状況を理解するよう努める。

23. 宇宙との調和：自然の恵みとゼウスに愛された都市を受け入れる

　すべてが私とシンクロし、あなたとシンクロする。あなたにとってタイムリーであれば、私にとって早すぎることも遅すぎることもない。自然の四季折々の実りは、すべて私の恵みです。すべてのものはあなたから生まれ、あなたの中で休息し、あなたに還る。詩人は言うかもしれない、"私の愛しい街セクロプス "と。しかし、"私の愛するゼウスの街 "とも言えないだろうか？

24. レス・イズ・モア：優先順位付けと排除によって平穏を見つける

　この哲学者は、平穏を得るためには、いくつかのことに集中すべきだと提案している。しかし、必要なことを行い、社会的な要求を満たすことを優先したほうがよいかもしれない。このアプローチは、うまくやることで得られる心の平穏だけでなく、より少ないことでも得られる。私たちの言動のほとんどは不必要なものであり、それを取り除くことによって、私たちはより多くの余暇を楽しみ、ストレスを軽減することができる。したがって、私たちは常に自分の行動を吟味し、"これは必要なのか？"と問うべきなのだ。不必要な行動をなくすだけでなく、不必要な思考をなくすことも、その後に続く不必要な行動を防ぐために重要なのだ。

25. 徳の力：内容豊かで思いやりのある人生を受け入れる

　徳のある人、自分の分け前に満足し、自分自身の公正な行動と思いやりのある性質に誇りを持っている人の人生を生きてみてほしい。

26. 人生の束の間の瞬間を解き明かす：理性、公正さ、良識ある生き方への鍵

　これらを見たことがありますか？よく見てください。心配しないで。素直になりなさい。誰かが悪いことをすれば、自害する。あなたにも何か起こりましたか？宇宙で起きたことはすべて、初めからあなたに与えられていたことを思い出してください。要するに、人生は短い。理性と公正さをもって、一瞬一瞬を大切にしなさい。余暇は分別を持って過ごしましょう。

27. カオスの中の秩序宇宙の逆説的本質をナビゲートする

　宇宙は整然と配置されているのか、それともカオスを詰め込んだだけなのか。それでも宇宙であることに変わりはな

い。しかし、一部分に秩序が存在し、全体に無秩序が存在することがあるのだろうか？特に、すべてが分離し、拡散し、つながっているときに。

28. 完璧を目指すなら私にあなたの文章を磨かせてください！

黒い性格、女々しい性格、頑固な性格、獣のような性格、子供のような性格、動物のような性格、愚かな性格、偽物の性格、卑劣な性格、詐欺的な性格、暴君のような性格。

29. 宇宙との断絶：理解することの社会的責任

宇宙で何が起きているのかを知らない人は、宇宙の中に何があるのかを知らない人と同じようによそ者なのだ。社会的責任を回避し、理解から自らを遠ざけ、生きるために必要なものを他人に頼っているのだ。起こっていることが嫌だからという理由で、物事の一般的な本質から引き離すことで、彼らは宇宙の膿瘍のようになっている。しかし、その同じ自然が彼らや他のすべてを生み出しているのだから、それに抵抗するのは無意味だ。すべての動物を結びつける理性という共通の絆から自分を引き離す者は、国家で引き裂かれた布切れのようなものだ。

30. むき出しの哲学者たち唯物論より理性の選択

一人はチュニックを着ていない哲学者、もう一人は本を持っていない。もう一人は半裸だ。私にはパンがない』と彼は言うが、『私は理性によって生きることを選ぶ』。生きていくために学歴に頼るのではなく、自分の判断に頼る。

31. 控えめな芸術を受け入れ、人生を自由にナビゲートする

たとえそれがどんなにささやかなものであっても、自分が学んだ芸術を愛し、そこに満足を見出すこと。暴君になることなく、誰の下僕になることもなく、神々にすべてを託した者のように、残りの人生を航海しなさい。

32. 過去のビジョンを振り返り、未来への教訓を得る

　ヴェスパシアヌスの時代を考えてみよう。結婚し、子どもを育て、病気になり、死に、戦に従事し、ごちそうを食べ、貿易をし、農業をし、お世辞を言い、頑固に傲慢になり、疑い、陰謀を企て、他人の死を望み、現在に不平を言い、愛し、富を蓄え、政治的権力を欲する人々を目撃するだろう。しかし、そのような生き方はもはや存在しない。さて、トラヤヌスの時代に話を移そう。同じことが言える。そのような生き方もなくなった。同じように、さまざまな時代や国家に思いを馳せ、多大な努力の末に、その多くが最終的に崩壊し、無に帰してしまったことを観察してみよう。

　しかし、最も重要なことは、あなたが個人的に知っている、つまらないことに気を取られ、自分自身に満足しながら真の目的を果たすことを怠っている人たちのことを振り返ってみることだ。それぞれの仕事に注意を向けることには、それなりの価値と意義があることを忘れてはならない。適切な事柄に集中すれば、不満を感じることはない。

33. 消えゆく英雄の名声：追憶のはかなさを受け入れる

　カミルス、カエソ、ヴォレサス、レオンナトゥス、スキピオ、カトー、アウグストゥス、ハドリアヌス、アントニヌスといった有名人の名前もそうだ。すべてのものは過ぎ去り、時とともに忘れ去られる。燦然と輝いていた人々でさえ、無名のまま消えていく。死ねば、すぐに忘れ去られる。結局、永遠の記憶とは何なのか？何もない。代わりに何に焦点を当てるべきか？正義への思い、社会的な行い、真実の言葉、そして、人生の自然な一部として、すべてをありのままに受け入れる姿勢。

34. 運命の織りなすものを受け入れる：クロトの糸に身を委ねる

　運命の一人であるクロトに進んで身を委ね、彼女があなたの糸を好きなように紡ぐことを許可する。

35. はかない記憶：人生の想い出のはかなさ

　記憶そのものも含めて、すべては儚い。

36. アート・オブ・チェンジ宇宙の変容の本質を受け入れる

　すべてのものが変化を遂げていることを常に観察し、宇宙の性質が既存のものを変化させ、それに似た新しいものを生み出すことを好むことを認識する訓練をする。確かに、現存するものはすべて、ある意味では次に来るものの種である。しかし、あなたは土に蒔かれた種や子宮に宿った種しか考えていないようだ。

37. 死を受け入れる：時が来る前に、明晰さ、冷静さ、博愛を手に入れる

　あなたは間もなく死ぬが、まだ素直ではなく、冷静で、世の中の有害な影響に対して安全で、誰に対しても慈悲深く、公正な行動にのみ知恵を見出しているわけではない。

38. 統治術男の主義、嗜好、追求を解き明かす

　賢者を含め、人の統治原理を調べる。彼らが避けるものと追求するものを特定する。

39. 知覚の力悪が真に存在する場所

　あなたが悪だと考えるものは、誰かの指導原理や、あなたの身体が経験する肉体的な変化には存在しない。では、どこにあるのか？それはあなたの中の、何が悪であるかを決定する力を持つ部分にある。その部分にそのような意見を形成させないようにすれば、すべてはうまくいく。最も身近な肉

体が傷つき、火傷を負い、炎症を起こし、腐敗していても、それらについて意見を形成する部分が冷静でいられるようにするのだ。善人にも悪人にも起こりうることは、本質的に善でも悪でもあり得ないと判断させるのだ。自然に逆らって生きることも、自然に沿って生きることも、どちらのタイプの人間にも同じ結果をもたらすことはできない。

40. 統一された糸宇宙の特異な本質と調和のとれた相互連結性を発見する

常に宇宙をひとつの生命体としてとらえ、ひとつの本質と意識を持つ。すべてのものが、この唯一の認識とどのようにつながり合い、関連し合っているのか、そして、すべてのものがどのように一体となって動いているのかに注目しなさい。すべてのものが調和して、他のすべてのものの存在をもたらしているのだ。また、宇宙の織物が継ぎ目なく織り上げられ、その糸が絶えることなく流れていることにも注意を払うこと。

41. 小さな魂であることの重荷：エピクテトスからの洞察

エピクテトスがかつて言ったように、あなたは小さな魂が死体を持ち歩いているようなものだ。

42. 変化の逆説的性質：同じでいることが必ずしも良いとは限らない理由

物事が変化することは本質的に悪いことではないし、その変化のために物事が存在し続けることは本質的に良いことではない。

43. 時の流れに乗る：人生の出来事の止められない流れ

時間は、出来事からなる流れの速い川に例えることができる。ある出来事が観察されると、それはすぐに押し流さ

れ、別の出来事に取って代わられる。この絶え間ない流れ
は、止まることのない激しい流れのようなものだ。

44. 避けられない人生の予測可能性：バラの開花から裏切りの痛手まで

　すべての出来事は、春にバラが咲き、夏に果実が熟すよ
うに予測できる。これには、苦難、終焉、中傷、裏切り、そ
の他、単純な心を喜ばせたり悩ませたりするような状況も含
まれる。

45. 連続する出来事の不思議な関係を解き明かす

　出来事の順序において、後続の出来事は常にそれ以前の
出来事に適切にリンクしている。これは、単に必要な順序に
従った断絶した項目のリストではなく、論理的なつながりで
ある。万物は調和して存在し、新たな創造物は単純な連続で
はなく、驚くべき関係を示す。

46. 心を目覚めさせる：ヘラクレイトスの知恵と自立した思考の重要性

　大地は水に変わり、水は空気に変わり、空気は火に変わ
る。また、多くの人は最終目的地を忘れ、人はしばしば宇宙
を支配する論理と争うことを忘れてはならない。私たちが
日々遭遇するものでさえ、私たちには奇妙に思えることがあ
る。眠っているときでさえ、私たちは行動したり話したりし
ているのだから。むしろ、盲目的に親に従う子供の真似をせ
ず、自分の頭で考え、行動すべきなのだ。

47. 明日死ぬか、一生を終えて死ぬかの重大な違い

　もし明日か明後日に死ぬと神が告げたとしたら、勇気の
ない人でない限り、それが3日目であってもあまり気にしな
いだろう。その差はごくわずかだ。したがって、何年も生き
てから死ぬのも、明日に比べれば同じように取るに足らない
ことなのだ。

48. 人間の存在のはかなさ：自然に従って生きることの戒め

　病人の手当てをしながら眉をひそめて逝った医者がどれほど多いかを、絶えず思い起こしなさい。他人の死を大予言したにもかかわらず、自ら命を落とした占星術師の数を考えてみよう。死と不死について数え切れないほどの講義をしてきた哲学者や、何千人もの人を殺してきた英雄たちに思いを馳せてみよう。あたかも自分が不死であるかのように振る舞い、野蛮な横暴をもって他人の生命に権力を振りかざした暴君たちに思いを馳せなさい。そして、ヘリチェ、ポンペイ、ヘルクラネウム、その他数え切れないほど多くの都市が忘却の彼方に沈んでいったことにも思いを馳せてほしい。

　このリストに、あなたの知り合いで次々とこの世を去った人たちを加えてください。埋葬された人のあとには、すぐに別の人が続き、やがてあなたもこの世を去ることになる。このように、人間存在のはかなさ、取るに足らない本質を常に心に留めておくことだ。昨日は単なる痰であったものが、明日は塵や灰となる。

　だから、自分の人生を自然に従って生き、短い旅に満足しなさい。熟したオリーブが木から落ちるように、あなたを生んだ自然を祝福し、あなたが生きてきた人生に感謝しなさい。

49. 人生の波に乗る：逆境に立ち向かう忍耐と幸運

　打ち寄せる波に耐えながらも、揺るがず、荒波を制する岩の岬のようになれ。

　このような事態に陥って、私は不幸だろうか？そんなことはない。むしろ、私は満足している。苦悩から解放され、現在に押しつぶされることもなく、将来を恐れることもない。このようなことは誰にでも起こりうることだが、すべての人がこのように平静に耐えられるわけではない。しかし、すべての人がそのような平静さをもってそれに耐えられるわけではない。人間の本性から外れたものすべてに不幸のレッテルを貼るのですか？人間の本性に反していなければ、何でも不自然に見えるのですか？あなたは自然の意志を知っている。この出来事によって、あなたが公正であること、勇気を持つこと、均衡を保つこと、賢明であること、性急な意見や虚偽に無関心であることが妨げられるでしょうか？謙虚さ、自由、その他人間の本性に属する特質を奪うだろうか？それは不幸ではなく、気高くそれに耐えることによって大きな幸運を示すチャンスなのだ。

50. 不死という幻想：長生きがすべてではない理由

　下品な言い方かもしれないが、それでも死に直面したとき、激しく生にしがみついた人たちのことを振り返るのは有益な視点だ。しかし、早く逝った人々に比べて、彼らは最終的に何を得たのだろうか？カディキアヌス、ファビウス、ユリアヌス、レピドゥスなど、埋葬されるために多くの犠牲者を出し、自らも運び出された人たちのように、彼らはおそらくどこかの墓に眠っていることだろう。実際、生まれてから死ぬまでの寿命は、それがどれほどの苦労を伴うか、どんな人々に出くわすか、人体の弱点を考えれば、短いものだ。だから、命を過度に評価すべきではない。それよりも、自分の後ろにある膨大な時間と、その先にある無限の時間を考えよう。この無限大の中で、3日生きる人と3世代生きる人を区別するものは何だろう？

51. シンプリシティの力苦労のない人生のための健全な推論を受け入れる

　常に最短の道を選び、それが最も自然である。健全な理性に従って話し、行動する。そうすることで、不必要な争いや衝突、あらゆる種類のごまかしや見せかけから解放される。

59

や衝突、あらゆる種類のごまかしや見せかけから解放される。

BOOK 5

- 古代の叡智を解き放て

自分の人生を管理しよう！有意義で充実した人生を送る方法について、古代の哲学者たちの助言を調べてみよう。哲学の価値を受け入れ、それがいかに安らぎ、希望、目的を与えてくれるかを知る。理性、感情のコントロール、共感力を養う。宇宙の最高権威を敬い、自然界を受け入れる。これらのツールを使って、たとえ逆境に直面しても、満足のいく人生を送り、目標を達成しよう。今こそ、最高の人生を歩み始め、世界にポジティブな影響を与える時なのだ。

1. 目的を目覚めさせる：自分の本質に沿った仕事を受け入れる

朝、不本意な目覚めをしたときは、人間としての目的を果たすために起きているのだということを思い出してほしい。では、自分がこの世に生を受けた目的を果たしているのに、なぜ不満を感じなければならないのか？あなたはベッドでゴロゴロして暖を取るために作られたのだろうか？その方が快適かもしれないが、それがあなたの目的なのか？快楽を求め、労苦を避けるためだけに存在しているのだろうか？あなたの周りにいる小さな生き物たち、植物、鳥、アリ、クモ、ミツバチを見てください。自分の本性に沿った仕事をしようと思わないのか？もちろん休息も必要だが、それにも生来の限界がある。食べたり飲んだりするのと同じように、あなたはしばしば十分な量を超えてしまうが、自分の行動となると、潜在的な可能性の範囲内で止まってしまう。もしそうなら、自分の本質を愛し、その意志に従うはずだからだ。自分の技を愛する人は、食事も休息もとらずにたゆまぬ努力をするが、あなたは、曲芸師がその技を、ダンサーがその芸術を、お金好きがその富を、見栄っ張りな人がその評判を大切にするように、自分の本質を大切にしていない。これらの人々は、何かに強い情熱を持っているとき、その技術を完成させるために寝食を惜しむことさえする。では、なぜ社会のためになる行為を、自分の努力や時間の価値が低いとみなすのか？

2. 簡単に完全な平和を得る：ネガティブな印象を瞬時に払拭する！

　煩わしい印象や不適切な印象を追い払い、根絶するのはとても簡単で、瞬時に完全な平穏を得ることができる。

3. 自然に忠実であれ：独自の道を歩み、批判を無視する

　自然に沿ったすべての発言や行動を評価し、それが自分にふさわしいかどうかを判断する。他人の批判やその言葉に振り回されてはならない。発言や行動に値するものがあれば、それを否定して自分を卑下してはならない。誰もが独自の指針を持ち、それぞれの道を歩んでいる。彼らの道を気にしてはならない。それよりも、普遍的な自然を守りながら、自分自身の自然な道を進みなさい。

4.　種から土へ：生と死の自然のサイクルを受け入れる

　私は最終的にこの世を去り、いつも空気を吸っているのと同じ元素の中に息を吐き出すまで、自然の成り行きを経験する。父が種を採り、母が血を採り、哺育者が乳を与えてくれたまさにその地に。この大地は、数え切れないほどの年月にわたって、食べ物や飲み物で私を養ってくれたし、私の絶え間ない酷使にも耐えてくれた。

5.　輝きを超えて自分でコントロールできる資質を受け入れる

　あなたは、自分の心の輝きを人は評価できないと主張する。しかし、あなたが否定できない資質は他にもある。誠実さ、重厚さ、忍耐強さ、過剰なものへの抵抗、今あるものへの満足、優しさ、正直さ、単純さ、大らかさ。生来の能力を非難することなく、簡単に発揮できる特質はたくさんある。にもかかわらず、あなたは自分の可能性に見合わない生き方を選び続けている。不平を言い、財産にしがみつき、お世辞を言い、自分の体を批判し、他人の承認を求める傾向を、自然のせいにしているのだろうか？いや、あなたには変わる力がある。知的な遅さに悩んでいるのなら、改善するための努力を惜しんではならない。問題を無視したり、自分の欠点に安らぎを見出したりしてはいけない。

6.　社会的存在になる：優しさを認め、借金を避けることの重要性

　ある人は他人を助けた後、それを恩義とみなし、自分の勘定に加えるかもしれない。別の人は、それを好意とは宣言しないかもしれないが、それでも自分の中では相手が自分に恩義があると考える。さらに別の人は、ブドウの木が実を結ぶように、その善行を登録さえしない。馬が走るように、蜂が蜜を実らせるように、人は一度親切な行いをすると、それを認めようとはせず、ブドウの木が季節になると新しいブドウを実らせるように、別の行いに移る。

　では、人はこのような無意識の行動を取るべきなのだろうか？そうだ。しかし、自分の行動に注意を払うことは、社会的存在としての自分の役割を認識し、他人にもそうであってほしいと願うために極めて重要なことなのだ。しかし、あなたはこのことをよく理解していないし、理解していないと、自分では理由があると思っていても、先に述べた人たちのようになってしまう危険性がある。しかし、時間をかけてこの考えを理解すれば、社交的な人間になり損ねる心配はない。

7. 　ゼウスよ、雨を降らせよ：アテネの豊穣の祈り

　アテネの祈りゼウスよ、親愛なるゼウスよ、アテネの耕作地と平原に雨を降らせてください。過度な祈りではなく、素直に堂々と。

8. 　運命を受け入れる定められた行動や出来事の背後にある意味を理解する

　アエスクラピウスはこの男に馬の運動、冷水浴、素足を処方した」、「宇宙はこの男に病気、切除、損失を処方した」というような記述の背後にある意味を理解しなければならない。最初の場合、「処方された」とは、個人の健康のために推奨された行為を指す。2つ目の場合は、人に降りかかることが、その人の運命に沿った形であらかじめ決められているという意味である。

　職人が壁やピラミッドに四角い石をはめ込むときに「適当」という言葉を使うように、私たちにとって「適当」なものは、私たちの運命に同意するものなのだ。宇宙は、それぞれの運命を持つあらゆる物体の集合体であり、ひとつのまとまりを形成している。私たちが「必然」や「運命」が人に何

かをもたらすと言うとき、それはその人のために規定された
ものであることは、知識のない人でも理解できる。したがっ
て、私たちは自分の身に起こることが運命と一致しているか
らこそ、それを受け入れるべきなのである。ちょうど、健康
増進を願ってアエスクラピウスからの不愉快な治療を受け入
れるように。

　自然界で善とされるもの、望ましいとされるものは、私
たちの健康と同じように重要なものであると認め、その完成
のために努力しなければならない。たとえ不愉快なことが起
こったとしても、それが最終的に宇宙の繁栄と幸福につなが
るのだから、受け入れるべきである。宇宙の体現者であるゼ
ウスは、私たちの利益と宇宙の利益のためでなければ、私た
ちに害を与えることはない。

　私たちに降りかかることに不満を抱くのは間違ってい
る。なぜなら、それは私たちの利益のためになされたことで
あり、私たちの運命と絡み合っているからだ。さらに、私た
ち個人に起こる出来事でさえ、宇宙全体の完全性と連続性に
寄与している。私たちに起こることを拒絶すれば、宇宙の調
和と秩序を乱すことになる。したがって、自分に降りかかる
すべての出来事を、それがどんなに不愉快に思えることであ
っても、受け入れるべきなのだ。

9.　哲学の旅を受け入れよう：挫折の中に知恵を見出し、人間の本性に
　　寄り添う

　すべての行動において正しい原則を守れなかったとしても、
も、嫌になったり、落胆したり、不満を抱いたりしてはなら
ない。むしろ、挫折したら、戻って、自分の行動のほとんど
が人間の本性に沿ったものであるという事実に満足しなさ
い。戻った道を愛し、哲学を師として扱わないこと。その代
わり、目の痛い人が湿らせたスポンジや絆創膏を貼るよう

に、その教えを適用しなさい。そうすることで、理性に忠実であり続け、そこに慰めを見出すことができる。哲学はあなたの本質に沿ったものだけを要求するが、あなたはそれに反するものを望むかもしれないことを忘れてはならない。自分のしていることは自分を喜ばせると主張するかもしれないが、快楽が欺瞞に満ちているのはそのためではないのか。大らかさ、自由、簡素、平静、信心深さなどがもっと楽しいものでないか考えてみよう。理解や知識から得られる安心や幸福を考えるとき、知恵そのものよりも楽しいものがあるだろうか。

10. 暗闇と変化の世界における意味の探求：受容と自省に関するストア派の知恵

哲学者たちは、多くの物事が神秘的で理解しがたいものであることに気づいてきた。いつまでも同じでいられる人などいないのだから、私たちの見方が変わるのは自然なことだ。しかし、私たちが大切にしているものが儚く、取るに足らないものであることを考えると、それを高く評価することは無意味に思える。同胞の人間でさえも、ひとたび精査すれば、欠陥があり、耐え難い存在であることがわかる。この暗闇と不潔と絶え間ない変化の世界では、真に私たちの注目や追求に値するものを見つけるのは難しい。

むしろ、人生の自然な流れを受け入れることに安らぎを見いだし、遅れや障害に動揺してはならない。第一に、私たちに起こることはすべて宇宙の自然の摂理に従っているということ、そして第二に、私たちは自分の神聖な性質と良心に調和して行動する力を持っているということである。これらの原則を裏切ることは誰にも強制できない。

11. 魂の状態を振り返る：私は子供か、暴君か、それとも野獣か？

今、私の魂を占めているものは何だろう？私は常にこの問いを自分に投げかけ、自分の支配原理の状態を見極めなければならない。子供、若者、弱い女、暴君、家畜、野獣の魂などだ。

12. 多数派対個人の認識：何が真に「良い」を定義するのか

私たちは、ただ観察することで、多数派がどのようなことを良いと考えているかを知ることができる。慎重さ、節制、正義、不屈の精神など、ある美徳を信じる人がいれば、その信念に反する考えを受け入れることはないだろう。しかし、多数派が良いと考えるものを最初に信じている人は、それに沿う考えであればどんなものでもすんなり受け入れるだろう。これは、人々の認識の違いを浮き彫りにしている。もしそうでなければ、富と贅沢が幸福につながるということわざを、機知に富み、ふさわしいものとして受け入れながら、否定することはないだろう。では、この漫画家の言葉が的確に表現しているようなもの、つまり、それらを手にした者が純粋に過剰なために安らぐ場所がないというようなものを、私たちは大切にすべきかどうかを考えてみよう。

13. アンブレイカブル形と物質の永遠の進化

私は形と物質の両方から構成されているが、それらは無から創造されたわけではないので、存在しなくなることはない。変化の結果、私のあらゆる部分は徐々に宇宙の他の側面へと変化し、それもまた永遠に他の何かへと進化し続ける。この永遠のサイクルの結果として、私の祖先と私は存在し、そして永遠に存在し続ける。この言葉は、たとえ宇宙が特定の自転周期に支配されていたとしても、真実であることに変わりはない。

14. 理性と哲学の力を解き放つ：カトルトセイスと正しい行為の技術

　理性と哲学はそれ自体が強力であり、意図した目標を達成することができる。彼らは自らの基礎となる原理から出発し、目的に向かって前進する。それゆえ、「カトルトセイス」（正しい行為）という言葉があり、正しい道を歩むことを強調している。

15. 人間の本性なぜ物質的所有は成功の鍵ではないのか？

　人間としての本性にそぐわないものは、人間のものとみなされるべきではない。そのようなものは、彼の本性からすれば必要なものでも約束されたものでもなく、彼の究極の目的を達成するために不可欠なものでもない。したがって、人間の目的はこれらのものにはなく、この目的を支えるものこそが真に善いものなのである。さらに、もしこれらのもののどれかが人間のものであったとしても、彼がそれらを軽蔑し、それらに逆らって働くことは間違っている。人間は、自ら進んでこれらのものを奪うことを賞賛されることはなく、また、これらのものを断つことを善とされることもない。しかし、そのようなもの、あるいはそれに類するものから離れ、その喪失に忍耐強く耐えれば耐えるほど、その人は善人である。

16. 心をポジティブに染める：習慣があなたの内面を形成する

　あなたの習慣的な思考が、あなたの心の性格を形成する。したがって、もし人がどこかで暮らせるなら、そこでもよく暮らせるというような、ポジティブな思考の連続に心を染めよう。もしある人が宮殿に住んでいて裕福に暮らせるなら、それほど豪華でない住居でも裕福に暮らせるだろう。
　さらに、すべてのものにはそれが創造された目的があり、その目的に向かって進んでいることを忘れてはならない。最終的なゴールとは、それぞれのものの利点と善がある場所である。人間のような合理的な存在にとって、社会は究極の目標である。

最後に、優れたもののために劣ったものが存在することは明らかだ。生物は非生物より優れており、生物の中でも理性を持つものが最も優れている。

17. 不可能を追い求める愚かさ：邪悪な者の避けられない追求

不可能を求めるのは愚かなことであり、邪悪な者がそのような行動に走るのは避けられない。

18. アンブレイカブル人生の試練に耐える不屈の力

その人が本来持っている耐えられる能力の範囲外のことが、その人に起こることはない。他の人たちも同じような出来事を経験するかもしれないが、それでも無傷でいられるのは、その出来事に気づかないか、その出来事を乗り切る不屈の精神があるからだろう。自己中心的な考えや知識の欠如が、しばしば健全な判断力を凌駕してしまうのは実に残念なことだ。

19. 不滅の魂：人生の環境の影響から免疫される

魂は物自体には少しも影響されない。モノが魂に入り込んだり影響を与えたりすることはないし、魂を操作したり影響を与えたりすることもできない。魂は自ら回転し、動く力を持っており、魂が適切と考える判断は、提示された物事に対する魂自身の認識に基づいている。

20. 障害を乗り越える人間と自然はいかにして成功を形作るのか

ある面では、人間は私にとって最も身近な存在であり、私は善を行い、彼らを許容しなければならないからだ。しかし、私の正しい行いを妨害する者がいれば、それらは太陽や風、野生動物のように中立的な存在となる。これらの要素は私の行動を妨げるかもしれないが、私の感情や性格に影響を与えることはない。心は、あらゆる障害物を自分の活動のための利点に変換し、変えてしまう。それゆえ、障害は進歩への入り口となり、障害物は成功への道となる。

21. 内なる力あなたの人生を導き、方向づける最高の質を尊重する

万物を利用し、導く宇宙の至高の質を尊重しなさい。同様に、自分自身の中にある、同じ性質を持つ最高の質を尊重しなさい。自分自身の中にも、他のすべてを利用し、自分の人生を導く力があるからだ。

22. ポジティブな影響を確実にする：市民と国家を守るガイドラインの力

国家に悪影響を及ぼさないものは、国民にも悪影響を及ぼさない。国家に害を及ぼさないのであれば、私に害を及ぼすこともない。ただし、国家に害がある場合は、責任者に腹を立ててはいけない。その代わりに、どこが間違っていたのかを理解する手助けをするのだ。

23. 永続幻想：なぜ私たちは儚いものに苦しめられるのをやめるべきなのか？

存在するものも、誕生するものも、物事がいかに早く過ぎ去り、消えていくかをしばしば考える。物質とは絶え間なく流れる川のようなものであり、物事の活動は絶えず変化し、その原因は無限のバリエーションを持っている。不変のものなどほとんどない。過去と未来という広大な広がり、その中ですべてのものはやがて消えていく。このようなはかないものに一喜一憂し、自分を惨めにするのは愚かではないか。あなたを苦しめるのは、ほんの短い間だけなのだ。

24. 宇宙における私たちの重要性の驚くべき認識

　宇宙の物質、その中で自分が持っているのはごくわずかなものであること、時間の広がり、その中で自分が与えられているのは束の間の一瞬であること、運命の不変の力、そしてそれに対する自分のちっぽけさを考えてみよう。

25. 宇宙に舵を任せる：コントロールを受け入れ、恨みを手放す

　もし誰かが私を恨んだら、その人は自分で対処すればいい。彼らには彼らの個性があり、彼らの意図がある。私は今、宇宙が私に意図していることだけを受け取り、自分の欲望に従って行動している。

26. ソウル・マスタリー：身体感覚をコントロールし、判断せずに自然なつながりを受け入れる方法

　快楽や苦痛といった肉体的な感覚に邪魔されることなく、あなたの魂を導き、支配する部分を保ちなさい。それらと融合させるのではなく、それらをコントロールし、その境界の中に閉じ込めるのだ。しかし、これらの感覚が、あなたの身体に存在する自然なつながりによってあなたの心に影響を及ぼすとき、それは自然なことなので、それに抵抗しようとしてはならない。しかし、あなたの魂の支配的な部分が、これらの感覚を良いとか悪いとか判断するのを許してはならない。

27. 神々とともに人生を生きる：あなたの守護者であり導き手である理解と理性を見いだす

　神々とともに人生を経験する。人は、常に与えられた道に満足し、良心の望みを果たすことで、真に神々と共にある。ゼウスは、理解や理性として知られる、守護者であり導き手である自分の一部を、すべての個人に授けた。

28. 悪臭に取り組む：争いを避け、個人の衛生問題を解決する方法

　脇の下から不快な香りがする人に腹を立てていませんか？それとも息が臭い人に腹を立てているのだろうか？怒って何になる？そのような発散物が身体の部位から出るのは避けられないことだ。しかし、個人には理性がある。本人が努力すれば、問題の原因を察知できるとも言える。解決策が見つかるといいですね。あなたが彼と理性的に話し合えば、彼の理性を刺激し、自分の誤りを認めさせることができる。彼にカウンセリングをすることで、怒りに頼ることなく問題を解消することができる。

29. 自分らしく生きる手遅れになる前に人生をコントロールする

　自分がこの世にいなくなったときに生きようと思っているように、今そう生きることは自分のコントロールできる範囲だ。しかし、他人がそれを許さないのであれば、自分に害のない方法で、人生から去りなさい。家に煙が充満していれば、私はその場を離れる。なぜこれを障害と感じなければならないのか？もしそのようなことがなければ、私は自由に留まり、誰も私が望むこと、つまり理性的で社会的な存在の性質に従って行動することを妨げることはできない。

30. 知的で社会的な宇宙：相補的な要素を見事に調和させる

　宇宙は知的であり、社会的に活動している。宇宙は大いなる利益のために重要でないものを創造し、より重要なものを互いに補い合うように設計した。宇宙がすべてのものをどのように配置し、組織化し、しかるべき場所に分配し、最良のもの同士を調和させているかを観察することができる。

31. 尊敬と親切の人生を振り返る：非難されることのない人生を送りましたか？

　あなたは神々、両親、兄弟、子供、教師、世話人、友人、親戚、奴隷に敬意を持って接してきましたか？他の人から "彼らは言動において誰一人として間違ったことをしたことがない "と言われるような接し方をしてきたかどうか、振り返ってみてください。あなたが直面した困難と、あなたが示した回復力を思い出してください。あなたの人生の物語は完結し、あなたの奉仕は終わった。あなたが目撃した美しいもの、あなたが耐えた快楽と苦痛、あなたが拒絶した名誉あるものを思い起こしなさい。あなたがどれだけの不親切な人々に親切にしてきたかを考えてください。

32. 知識の戦い：無知な者が専門家と衝突する理由

　なぜ未熟で無知な者が、専門知識と理解力を持つ者を悩ませるのか？どの魂がそのような適性と知識を持っているのか？始まりと終わりを理解し、すべての物質に浸透している根本的な原因を理解し、定められた期間を通して宇宙を支配しているものだ。

33. 空虚な追求：死に直面したとき、なぜ私たちの価値観は無意味なのか？

　すぐに、とてもすぐに、あなたは灰か骸骨になり、名前だけ、あるいはそれさえもないものになる。名前は単なる音や響きにすぎない。私たちが人生で大切にしているものは、無意味で、腐っていて、取るに足らないものだ。小さな犬同士が噛み合ったり、子供たちがいがみ合ったり、笑ったり、泣いたりするようなものだ。忠誠心、良識、正義、真実はすべて消えてしまった。

　では、なぜあなたはまだここに留まっているのでしょうか？あなたが触れたり見たりできるものは常に流動的で、あなたの感覚は当てにならず、あなたの魂は肉体的状態の副産物に過ぎないのに。このような世界で良い評判を得ても、それは空しい成果でしかない。安らかに時が訪れ、存在が消滅するか、別の存在次元に移動するのを待ったらどうだろう？それまで、これ以上何が必要だというのだ？神々を崇め感謝し、同胞のために善行を行い、忍耐と自制心を養うべきではないのか？そして、あなたが持っている虚弱な肉体と呼吸の範囲を超えたものは、あなたのものでもなければ、あなたの支配下でもない。

34. 一貫して幸せな人生への道：マインドフルな選択と神と人間の共通原則

　正しい道を歩み、心を込めた選択と行動をすることで、一貫して幸せな人生を送ることができる。これらの原則は、神の魂と人間の魂、そしてすべての理性的な存在に共通するものだ。他者から妨害されることを避ける能力や、正義とその実現が善であることの中核をなす信条も含まれている。あなたの願望もこの道徳規範に沿うべきである。

35. なぜ悩むのか？個人の不正行為が公益に与える影響を理解する

　もしこれが私自身の不義に起因するものではなく、一般的な福祉を害するものでもないのなら、なぜ私が悩む必要があるのだろうか？何が公共の利益に対する害なのか？

36. 見かけを越えて人助けと幸運の育成

　見かけだけで軽率に行動しないようにすること。その代わり、自分の能力と相手のニーズに応じて、相手を援助すること。また、相手がさしたる問題で損失を被ったとしても、それを実害と見なさないこと。

　ロストラに立つとき、本当に大切なことを忘れてはいないだろうか？確かに、この人たちにとっては大きなことかもしれないが、そんなことで自分を馬鹿にする価値があるのだろうか？かつて私は幸運な人間だったが、今はもうその幸運はない。なぜそうなったのかは定かではない。しかし、幸運であるということは、前向きな姿勢、楽観的な感情、徳の高い行いといった幸運を培ってきたということである。

BOOK 6

- 充実への道を開く

宙の博愛を受け入れる！自然の摂理を受け入れ、今この瞬間に満足しなさい。人生ははかないものであることを忘れず、一瞬一瞬を大切にしなさい。美徳と優しさを持って人生の難局を乗り切り、目的と意味を持って生きなさい。すべてのものがつながっていることを認識し、自然界に対する感謝の気持ちを育む。環境とそこに住むすべてのものを尊重する。知識、理性、知的探求を優先する。偉大な哲学者や指導者の知恵を求め、その教えを日々の生活に生かす。あなたには世界に良い影響を与える力がある。その力を賢く使い、誇りを持てる人生を送りましょう！

1. 宇宙のハーモニー従順さと合理性が悪意なく支配する理由

宇宙の実体は従順で、従順である。支配する理性には悪意がなく、何ものにも害を与えないため、悪を行う動機がない。万物はこの理性に従って創造され、完成される。

2. 今に集中する：雑念を捨てて全力を尽くす方法

　任務中に寒く感じようが暖かく感じようが、気にすることはない。眠くても、よく眠れていても気にするな。人が悪口を言っていようが褒めていようが気にするな。死ぬのか、他のことをしているのか、そんなことはどうでもいい。死ぬことは人生ですることのひとつにすぎないのだから。だから、今やっていることにベストを尽くすことだけに集中しなさい。

3. 内なる可能性を解き放つ：自分自身と他者の中にある個性を受け入れる

　自分自身の内面を探し、何事もその特徴や価値を見失わないようにするのだ。

4. 避けられない消滅：変化はいかに崩壊と変革をもたらすか

　存在するすべてのものは必然的に変化を受け、崩壊するか蒸気に変わるかして最終的に消滅する。

5. 統治理由を理解する：処分、行為、素材を読み解く

　支配する理性は、自らの気質、行動、使用する素材を理解している。

6. 連鎖を断ち切る復讐が解決策ではない理由

　復讐の最も効果的な方法は、加害者の真似をしないことだ。

7. 内なる平和を見つける：社会的転換期に神を意識することがいかに楽しみをもたらすか

　何かを楽しみ、そこに平安を見出す。社会的な活動の合間に、神のことを心に留めておく。

8.　変革によるエンパワーメント：認識を形成し、影響を与える指導原理

　指導原理とは、自らを積極的にかき立て、変化させるものである。自らを望む形に形作るとき、それはまた、すべての出来事をその意志に従って知覚する。

9.　自然の完璧な計画宇宙のすべてはいかにして達成されるか

　宇宙のすべては、その性質に従って達成される。それが外部に理解される性質であれ、この性質の内部に理解される性質であれ、外部の、これとは独立した性質であれ、それぞれの事物は他のいかなる性質にも従わない方法で達成される。

10.　宇宙カオスか秩序か？なぜそれがあなたの信念にとって重要なのか

　宇宙は混沌としていて、物事が絡み合って散らばっているのか、それとも摂理に導かれたまとまりのある秩序あるシステムなのか。もし前者であるなら、なぜ私が行き当たりばったりの混合物やそのような無秩序に煩わされなければならないのか？最終的に地球と一体化すること以外に、なぜ私が関心を持たなければならないのか？そして、私が何をしようとも、私の要素が散らばることは避けられないのに、なぜ不安になる必要があるのだろうか？一方、もし後者が真実であるならば、私は統治する者に畏敬の念と信頼を抱き、自分の信念を堅く守る。

11.　コントロールを取り戻す：困難な時期に自分自身と再びつながる方法

　状況によって心を乱さざるを得なくなったら、速やかに自分自身とつながり直そう。強制された期間以上に不調和を持続させてはならない。一貫して調和を取り戻す努力を続けることで、調和をよりうまくコントロールできるようになる。

12. 哲学裁判における継母、人生における母

継母と母親の両方がいたとしたら、継母には敬意を払うべきだけど、それでもいつも母親のところに戻ってくるでしょう。哲学と宮廷を同じように、継母であり母であると考えてください。哲学に頻繁に帰依し、彼女の中に安らぎを見出すことで、法廷で直面することに耐えられるようになり、裁判所の目には立派に映るようになるのです。

13. 幻想を解き放つ：モノの表面の向こう側を見る

私たちは、肉やその他の食品を口にしたとき、それを単に動物の無残な死骸としか認識しない。同様に、私たちはワインを単なるブドウジュースとして、衣類を貝の血で染めた羊の毛として見る。このような知覚は、対象そのものを貫通し、私たちにその正体を見抜かせる。

私たちは生涯を通じて、あらゆる物事に対してこれと同じレベルの精査を行うよう努めるべきである。私たちの称賛や注目に最も値すると思われるものでさえ、よく吟味し、その称賛をすべて取り除いて、真の無価値さを明らかにすべきである。外見に惑わされるのはあまりにも簡単で、最も価値があるように見える追求でさえ、最終的には私たちを欺くかもしれない。

たとえば、クセノクラテス自身について語るときのクラテスの知恵を考えてみよう。

14. 称賛のヒエラルキー石から理性的な魂へ

大衆の賞賛を集めるもののほとんどは、石、木、イチジクの木、ブドウの木、オリーブの実など、最も一般的な性質のものである。しかし、もう少し理性的な人たちは、群れや

牛の群れのような生き物を賞賛する傾向がある。さらに、知識欲の強い人は、理性的な魂によって支えられているものが好きだが、どんな魂でもいいというわけではなく、何かの芸術や専門知識に長けていたり、単に奴隷の集団を持つという点で理性的であったりするものに限る。しかし、政治的な生活に適した理性的で普遍的な魂を重んじる人々は、これ以外の何ものも大切にしない。彼らは、自分の魂を理性と社会規範に沿った存在とパフォーマンスの状態に保つことを優先し、同じような価値観を共有する個人と協力する。

15. 人生のはかなさを受け入れる：絶え間ない変化に価値を見出す

多くのものが生まれ、他のものが死に、生まれたばかりのものでも、すでに消えているものもある。時が終わりなく流れ、更新されていくように、世界は常に変化し、動いている。この絶え間なく変化する流れの中で、人が高く評価するものがあるだろうか？それは、視界からすぐに消えてしまう通りすがりのスズメに恋をするようなものだろう。これは、息を吐き、空気を吸うように、人それぞれの人生の本質である。私たちが一瞬一瞬、息を吸っては吐くように、私たちは生まれたときに呼吸の力を受け取り、やがてそれを最初に引き出した要素に戻すだけなのだ。

16. 名声と物質的所有を超えて：教育と学習の真の価値

家畜であれ野生動物であれ、植物の蒸散や動物の呼吸は評価されるべきものではない。また、単に感覚的刺激を受けたり、糸で操られた人形のように欲望に動かされたり、群れをなして集まったり、あるいは単に食べ物で栄養を補給したりすることも評価されるべきものではない。では、人生において真に価値あるものとは何だろうか？他人の喝采だろうか？答えはノーだ。他人の賞賛は、ほとんどの場合、単なる舌打ちにすぎない。では、名声が努力する価値のないものだとしたら、真に価値あるものは何だろうか？私の考えでは、それは自分の本性に従って自分を動かし、コントロールすることを学ぶことであり、それはあらゆる追求や職業を通じて到達することができる。ワイン醸造家は上質なワインを造るためにブドウを栽培し、馬の調教師は家畜に服従を教え、犬の調教師は特定の仕事をこなすためにイヌを訓練する。自分自身の性質に合わせて卓越性を達成するというこの概念は、教育や指導の基本でもある。このことを認識することこそ、教育や学習の真の価値であり、自分の欲求を満たすのに十分である。この理想に集中することで、人は幸福にとって真に本質的でない他の外的財への欲求から解放される。また、他人の所有物を妬んだり、嫉妬したり、不安に思ったりして、自分も所有しようと企むことも避けられるだろう。自分の心を尊重し敬うことで、人は満足感を得、社会と調和し、神々と同意し、神々からもたらされるすべての贈り物や命令を文句を言わずに受け入れることができる。

17. 混沌とした動きの中で、美徳の神聖な進行を解き明かす

　私たちの身の回りのいたるところで、元素は絶えず動き回り、上へ下へ、そして周囲を取り囲んでいる。しかし、徳の本質はこうした動きの中にあるのではない。美徳はもっと神聖な性質を持っており、しばしば気づかれることのない道を静かに進みながら、優雅で楽に進んでいく。

18. 特異な執着：未来の世代に検証を求める

　男たちの行動はかなり特殊だ！同時代の人々に感謝を示す代わりに、決して会う機会のない未来の世代に評価を求める。会ったこともない、これから会うこともない人たちに褒められることを重要視するのだ。しかしこれは、過去に自分を評価してくれなかった人たちが気になるのと同じことだ。

19. 自分の能力を信じる困難を乗り越え、成功を手にする

　自分ひとりで達成するのが難しいことでも、人類には不可能だと信じてはいけない。逆に、人間にとって達成可能なことで、人間が生まれながらに持っている性質に合致することであれば、自分も達成できると信じてください。

20. 体操のパートナーを許す：些細な事故が教えてくれる、怒りと回避を手放す方法

　体操で、ある男性が誤ってあなたの爪をひっかいたり、頭を打ったりして傷を負わせたとする。傷つけられたにもかかわらず、私たちは怒りをあらわにしたり、怒ったり、その人を裏切り者と見なしたりしてはならない。その代わりに、敵としてではなく、疑いを持ってでもなく、ただその人を避けることによって、その人の周りに用心深くいるべきなのです。同様に、人生のあらゆる場面で、このような態度で行動するようにしましょう。ジムでスパーリング相手との些細なアクシデントを見過ごすように、対戦相手のような人の多くのことを許し、見過ごすことを学ぶべきだ。私たちには、相手に否定的な感情を抱かないよう、身を引く力があることを忘れてはならない。

21. オープンマインド：真実を学び、受け入れる姿勢

　もし誰かが、私の考えや行動が正しくないことを納得させ、証明してくれるなら、私は喜んで変わるつもりだ。私の目標は真実を発見することであり、それは決して誰も傷つけないからだ。しかし、自分の過ちや知識の欠如にとどまる者は、苦しむことになる。

22. 義務に縛られる人生の目的への揺るぎない決意

私は自分の義務を果たし、それ以外のことには関心を持たない。生命も理性も持たず、方向も定めずに迷い込んだものは、私を悩ませない。

23. 寛大さと社会的気品のバランスを見つける：動物、物、そして人間との交流

動物や無生物に対しては、彼らは理性を持たないので、寛大かつ自由な精神で接すること。しかし、理性を持つ人間と接するときは、社交的な態度で接すること。どのような状況でも神々を呼び出すことを忘れずに。

24. 共通の運命：マケドンのアレクサンダーと死のラバートの運命の共有

マケドンのアレクサンダーも、彼のラバ使いも、死によって同じ運命をたどった。彼らは同じ宇宙の根本原理に受け入れられたか、あるいは彼らの原子が同じように散らされたのである。

25. 宇宙の同時創造：身体、魂、宇宙のつながりを探る

私たちの中で、肉体と魂の両方において同時に起こっているすべてのことについて考えてみよう。そう考えれば、宇宙に存在するすべてのもの、私たちがコスモスと呼んでいるものが一度に誕生するのも不思議ではない。

26. 冷静さが鍵：動揺せずに責任を果たす方法

アントニヌスという名前の綴りを尋ねられたら、あなたは声に力を込めて一文字一文字綴るだろうか？そして、もし相手が怒ったとしたら、あなたも怒るだろうか？それとも落ち着いて、冷静に一文字一文字綴るだろうか？同じように、人生においても、あらゆる責任は、果たすべき義務である特

定の行動から成り立っていることを忘れてはならない。これ
らの行動を冷静に遂行し、動揺したり、怒っている人に怒り
を示したりしてはならない。前進し続け、目の前にある仕事
をやり遂げるのだ。

**27. 学ばせる：最高の自分を追求する機会を男性に与えないことの危険
性**

人が自分の本性にふさわしく、有益だと考えることを追
求する機会を否定するのは、なんと残酷なことだろう！ある
意味、彼らが過ちを犯したときに動揺することで、この追求
の機会を奪っているのだ。彼らは自然に、自分に役立つと信
じるものに引き寄せられるが、その認識は現実と一致してい
ないかもしれない。怒るのではなく、彼らを教え導き、理解
を啓発するのだ。

28. 墓場を越えて物質世界からの究極の解放を受け入れる

死は感覚の終焉、欲望の停止、心の理性的な働き、そし
て世俗的な執着の放棄を意味する。

29. 魂の降伏なぜ肉体は私たちを凌駕するのか

肉体が耐え忍ぶ一方で、魂が人生で最初に諦めてしまう
のは残念なことだ。

**30. 高潔な弟子であれ：シーザーの堕落を避けつつ、正義と献身を受け
入れる**

カエサルのようにならないように、あるいはカエサルの
堕落したやり方に染まらないように気をつけなさい。その代
わりに、誠実で、高潔で、本物であるよう努めなさい。正義
と神への献身を受け入れ、影響されるような振る舞いを排除
しなさい。親切で、愛情深く、勤勉であれ。哲学が教えてく
れたすべての徳の追求に揺るぎない姿勢を保ち、神々と同胞

の両方に奉仕することを常に求めなさい。アントニヌスの弟子として、彼の模範的な性格を堅持して生きることを常に忘れないように：彼の不変性、彼の理性、彼の精神性、彼の穏やかな顔と態度、彼の名声への無関心、彼のすべてを理解したいという願望、彼の慎重で徹底的な評価、彼の根拠のない批判を許容し、他人の意見を尊重する能力、彼の不注意な行動への消極性、彼のゴシップへの抵抗、彼の行動とマナーへの鋭い意識、彼の他人を批判したり裁いたりする傾向のなさ、彼の勇気と忍耐、彼の要求に対する謙虚な感覚、彼の余計な援助に頼ることなく自分を抑制する能力。彼の足跡をたどることで、最期の時が近づいたとき、あなたも彼と同じように澄んだ良心で最期の時を迎えることができるようになることを目指そう。

31. 現実に目を覚ませ：夢と人生を区別する視点の力

　現実に戻り、そこから抜け出す。目が覚めて、あれが自分を邪魔する単なる夢だったと気づいたら、あの夢を見ていたときと同じように周囲を見てみよう。

32. コントロールのパラドックス魂と肉体の限界をナビゲートする

　私は肉体と魂から成り立っている。私の肉体は物事の違いを区別することができないが、私の理解はできる。私自身の行動によって生み出されたものでないものは、私の理解力では無関心とみなされる。しかし、私自身の行動の結果であるものは、私のコントロールの範囲内である。しかし、現在行われている行為だけが、本当に私のコントロール下にある。過去と未来における私の心の行動は、今この瞬間においては無関心とみなされる。

33. 私たちの自然の中で仕事を受け入れる：労働と人間であることの調和を理解する

　手や足の仕事は、それぞれが決められた仕事をこなすのであれば、何ら不自然なことではない。同様に、その人の労働が人間としての能力と義務に合致していれば、本質的に悪いことは何もない。人の仕事がその人の本性と相反するものでなければ、本質的に悪いもの、有害なものとは考えられない。

34. 快楽のダークサイドを探る：強盗、愛人、暴君の耽溺

　強盗、人殺し、暴君がどれほどの快楽に溺れてきたことか。

35. 人間の理性の特殊性：熟練した職人技との比較

　職人たちが、その仕事の技量に欠ける人たちに合わせて仕事を調整しながらも、それでもなお、その技の原則を守り、そこから逸脱することを拒んでいることに気づかないのだろうか。建築家や医師が、神々と共有される自らの理性を人間が尊重するよりも、それぞれの職業の原則を尊重するのは奇妙ではないか？

36. 宇宙の遠近法：アトス山から毒ヘビまで

　アジアやヨーロッパは広大な宇宙のほんの一角に過ぎず、すべての海はその無限の広がりの中の雫に過ぎない。偉大なアトス山でさえ、壮大なスケールの中では小さな塊にすぎない。現在の時間は、広大な永遠から見れば、ほんの一瞬に過ぎない。

　大小にかかわらず、すべての物事は変化と無常の対象である。それらはすべて、直接的であれ間接的であれ、同じ普遍的な力に由来する。だから、ライオンの獰猛な顎も、蛇の

毒も、棘や泥のような有害なものでさえも、壮大で華麗なものの副産物にすぎない。

　従って、あなたが尊敬の念を抱いているものと異なっていたり、劣っていたりすると勘違いしてはならない。むしろ、宇宙のすべてのものの源について、公正で偏りのない意見を形成することだ。

37. 究極の真実：現在を目撃することが永遠の秘密を解き明かす

　現在を目撃する者は、永遠を通じて起こったすべてのこと、そして永遠に起こるであろうすべてのことを含めて、すべてを見たことになる。なぜなら、すべてのものは関連しており、共通の形を共有しているからである。

38. 相互連結のハーモニアス・ダンス：宇宙における一体性が、いかにして友好的な環境を生み出すか

　宇宙に存在するすべてのものが相互に関連し、互いに関係し合っていることを考える。万物は関連し合い、相互につながっており、これが友好的な環境を生み出している。活発な動き、相互の合意、物質の統一が、この友好的な調和の理由である。

39. 変化を受け入れる人生における人々への真の愛

　自分に訪れた状況に自分を合わせ、人生の一部となった人々を受け入れる。真摯に、誠実に、彼らを愛そう。

40. 内なる力宇宙の合理性を受け入れる

　あらゆる物、道具、容器は、その創造者がいなくとも、その目的を果たし、善とされる。しかし、自然のものには、それらを維持する生来の力があり、その力はその中にとどまっている。したがって、この力に敬意を表し、その意志に従って生き、行動するならば、その行動は合理性に合致すると信じることが肝要である。この原則は宇宙にも当てはまる。

41. あなたの判断をコントロールする：神と他者への非難と敵意をなくす秘訣

自分のコントロールの及ばないことが、自分にとって良いことでも悪いことでもあると信じれば、必然的に神々のせいにし、不幸や損失の責任を負う者を憎むようになる。無関心なものを区別すべきではないからだ。しかし、もし私たちが自分のコントロールできる範囲内のものだけを善か悪かと判断するならば、神を責めたり、他人を敵視したりする理由はない。

42. 共通の目標のために協力する：宇宙における自分の位置を発見する

ある者は意図的に、またある者は無意識のうちに。ヘラクレイトスが言ったように、眠っているときでさえ、私たちは宇宙に貢献している。しかし、その貢献の仕方はさまざまだ。批判や反対のために不眠不休で働く者もいるが、そのような者であっても宇宙には居場所がある。自分がどのカテゴリーに属するかは、自分次第だ。大いなる善に身を合わせるなら、万物の主はあなたを適切に活用し、貴重な協力者として雇ってくれるだろう。クリシッポスの戯曲に登場する取るに足らない、笑止千万の詩のようにならないように。

43. ウェザー・ウォーズ：地球の恵みをめぐる天体間の戦い

太陽とアエスクラピウスは、それぞれ雨と果実を運ぶ者（大地）の責任を引き受けようとしているのだろうか？さらに、さまざまな星々はどのように異なる貢献をしながらも、共通の目的に向かって協力しているのだろうか？

44. 運命のパラドックス：神々を信じるか、人生をコントロールするか？

　もし神々が私の運命と私の人生に起こるべき出来事をあらかじめ定めているのなら、私は神々の先見の明を信じる。計画を立てない神を理解するのは難しいからだ。さらに、なぜ彼らは私に危害を加えようとするのか？彼らが気にかけている世界にとって、どんな利益があり、どんな目的があるのだろうか？

　しかし、たとえ神々が私の人生を決めていなかったとしても、少なくとも物事の大筋は決めてくれている。この普遍的な計画の一部として何が起ころうとも、私は潔く受け入れ、満足しなければならない。しかし、もし神々が私たちの運命をコントロールできないと仮定するならば--道徳的に反感を抱く考えである--、私たちは神々に供物を捧げることも、祈ることも、神々の名において誓いを立てることもすべきではない。私たちの人生に神々が存在し、関与していると信じていることを示すようなことをしてはならないのだ。

　しかし、もし神々が私たちの運命を決めないのであれば、私は自分の運命を自分で決めることができる。私は自分にとって現実的で有益なことを追求することができる。そして、私にとって有益なこととは、私の理性的で社会的な性質と調和することである。ローマ市民として、私は自分の都市と国のためになることをすることに喜びを感じる。しかし、人類の一員として、私にとって価値のある追求とは、世界に利益をもたらすものだけであると私は認識している。

45. 利益の波及効果：一人の利益が全体をいかに助けるか

　個人に何が起ころうと、それは最終的には宇宙の大いなる利益のためになる。これだけ理解すれば十分だろう。しかし、ある人にとって有益なことは、他の人にとっても有益である可能性が高いことを認識することが重要である。ここでいう「有益」とは、本質的に善でも悪でもないものを指すことに留意してほしい。

46. 人生の単調さを打ち破る：目新しさと多様性を求めて

円形劇場や同じような会場では、同じものを繰り返し見ていると、その光景に飽きてしまうことがある。私たちの身の回りにあるものはすべて本質的に同じであり、同じ源から発生しているのだから。これはいつまで続くのだろうか？

47. メメント・モリ偉人たちの生涯と美徳の重要性についての考察

あらゆる階層の、あらゆる国の、あらゆる種類の活動に従事する人々がこの世を去ったことを、自分に言い聞かせ続けるのだ。フィリスティオン、フェーバス、オリガニオンがこの世を去ったことを想像してほしい。では、他のグループの人々に焦点を移してみよう。ヘラクレイトス、ピタゴラス、ソクラテスなど、偉大な講演者や尊敬すべき哲学者がいる場所に向かって冒険してみよう。また、多くの英雄、将軍、独裁者、それに続くエウドクソス、ヒッパルコス、アルキメデスなどの聡明な科学者、鋭い天賦の才能、抑えがたい頭脳、努力に対する限りない愛情、そしてメニッポスなどのような、人間の人生の無常ではかない性質をあざ笑うような傾向のある人々も思い出してほしい。しかし、そんなことはどうでもいい。だが、それがどうした？名前がまったく知られていない人たちはどうだろう？　真理と正義に生き、欺瞞に満ちた者や不正な者に対しても慈愛に満ちた態度をとることだ。

48. 高潔な行動を模倣する周囲に喜びを見出す

喜びを感じたいのであれば、周囲の人の美徳に注目することだ。ある人の生産性、別の人の謙虚さ、第3の人の寛大さ、第4の人のポジティブな特質に注目する。一緒に生活している人たちの行動の中に模範となる美徳を見ることほど満足のいくことはない。だから、私たちはそれらを心に留め、見習うようにしなければならない。

49. 充実感を抱こう：なぜ限られた時間に感謝することが幸せへの鍵なのか？

あなたが不幸なのは、ある一定額のお金しか持っていないからであって、300円も持っていないからではないでしょう。同じように、限られた年数しか生きられないことを不満に思ってはいけない。自分に与えられた財産の量に満足するのと同じように、自分の持てる時間の量に満足するのだ。

50. 正義のために意に反することをする：妨害の中で成功を見出す

正義の原則に沿うのであれば、彼らの意に反してでも説得を試みよう。しかし、力ずくであなたを妨害する者がいたら、満足と平和の中に慰めを見いだしなさい。妨げを利用して別の美徳を発揮するのだ。あなたの試みは条件付きであり、不可能を達成することを目指したわけではないことを忘れてはならない。では、あなたの目標は何だったのか？このようなことだ。しかし、あなたを突き動かしたものが達成されなければ、あなたは目的を達成することができない。

51. 名声から知恵へ：個人的利益の認識

名声を求める人は他人の功績を自分の利益とみなし、快楽を求める人は自分の経験だけを大切にする。しかし、知恵を持つ人は、自分の行いを個人的な善の源として認識する。

52．偏らない力を解き放つ：意見を控えることがゲームを変える理由

　私たちには、ある事柄について意見を形成することを控え、魂に乱れを生じさせない力がある。結局のところ、物事は本来、私たちの判断を形成する能力を持っていない。

53．行動する共感：アクティブリスニングの極意

　相手の話を積極的に聞くことに慣れ、相手の立場に立って考えるよう努力する。

54．個々の行動の危険性：ミツバチのコロニー全体への影響

　集団にとって有害なものは、個々のミツバチにとっても有害である。

55．リスペクトの重要性：海や医療現場での不従順がいかに命を危険にさらすか

　もし船員が操舵士を虐待したり、病人が医師を見下したりしたら、彼らは他の権威に耳を傾けるだろうか？もし彼らが尊敬されず、言うことを聞かなければ、どうやって操舵手は乗組員の安全を確保し、医師は患者の健康を維持できるだろうか？

56．時を生き抜く：道半ばで失ったものを振り返る

　私と一緒にこの世に生を受けた人たちの多くは、もうここにはいない。

57．偽りの意見の力：苦い蜜と水の恐怖に例える

　黄疸のある人にとっての蜂蜜の苦味や、狂犬に噛まれた人にとっての水の恐怖は、小さな子供がボールに見出す喜びに匹敵する。では、なぜ私は怒っているのか？誤った意見が、黄疸のある人の胆汁や狂犬に噛まれた人の毒に劣る力を持っているとでも？

58. 理性的な本性を解き放つ：宇宙と調和し、境界なく生きる

　自分自身の合理的な本性に従って生きることを誰も止めないし、宇宙の合理性に反することは何も起こらない。

59. 望ましい交際の追求：男性の願望と時の流れ

　男性はどのようなタイプの人々を満足させたいと願っているのか。どのような行動によってそれを達成しようとしているのか。さらに、時間はどれほど早くすべての出来事を見えなくするのだろうか。

BOOK 7

‐ 親切であれ、高潔であれ、平和であれ

邪悪は身近なものであるから、自分の信念に忠実であれ。あなたの価値はあなたの愛情にあるのだから、自分の発言は慎重に考えなさい。今あるもので最善を尽くし、自分自身を信頼し、不確かな未来に平穏であれ。物理的なものはすべて消滅するが、抽象的なものは宇宙に吸収されることを忘れないでほしい。すべてが不安定なものである以上、あなたの行動は自然であるように、あるいは理にかなっているように。優しさを広め、自分を変えることに抵抗しなさい。幸福は自分の居場所を知り、高潔であることから生まれる。死と変化は自然なことなので、手放し、許すことを学びなさい。今に集中し、親切にし、今を生きなさい。美徳をもって行動することは尊いことであり、正しいことのために戦い、美に感謝する。すべては循環しており、過去から学ぶことで世界をより良い場所にすることができる。前向きに決意を固め、卓越を目指してください。

1.　認識できる「悪さ」の終わらないサイクル：中世から現代まで

　悪さ」とはどういうことか？それは、あなたがこれまでに何度も遭遇してきたことだ。したがって、何かが起こるたびに、それはあなたが以前に見たことがあるものだと思い出してください。中世の古い歴史書や現代でもそうであるように、同じようなことはあちこちで見られるだろう。こうしたことは、今でも街や家庭で見ることができる。新鮮さも目新しさもない。すべてのものは認識できるものであり、一時的なものなのだ。

2.　コントロールを取り戻す信念を燃やし続け、マインドセットで立ち上がる

　理念と一致する思考を消し去らない限り、私たちの理念が死んでしまうわけがない。その思いを明るく燃やし続けることは、自分のコントロールの範囲内なのだ。私は何に対しても適切な意見を持つことができる。外的なことは私の心の状態に関係ない。この考え方を維持すれば、背筋が伸びる。あなたには人生を取り戻す力がある。かつてと同じレンズを通して物事を見ることから始めよう。そうすれば、人生の主導権を取り戻すことができる。

3.　気晴らし、ユーモア、そして価値：人生の些細な楽しみを受け入れる

　娯楽、演劇、羊や牛の大群、槍の訓練、小犬への骨投げ、釣り堀へのパンくずの撒き散らし、怯えたネズミのキョロキョロとした動きや糸で操られた人形の操作など、蟻や獣の勤勉な活動など、つまらない追求はすべて同じである。従って、そのような気晴らしの際にも、高慢さを見せるのではなく、ユーモアを示すことがあなたの義務である。

4. 積極的な観察と傾聴の極意：目的と表現を理解する鍵

　会話に参加するときは、話されていることに細心の注意を払う。行動を観察するときは、何が行われているかに注意する。前者では、目的を理解しようと意識する。後者では、何が表現されているかに注目する。

5. 普遍性を活かす：タスク成功への挑戦をナビゲートする

　私はこの仕事に必要な理解力を持っているだろうか？もしそうなら、私は普遍的な自然から授かった道具としてそれを活用するだろう。しかし、もし私の理解が不十分であれば、やむを得ない理由がない限り、私はその仕事から身を引き、より能力のある人に担当させる。あるいは、私の核となる価値観の導きによって、社会にとって有益な方法でその仕事を成し遂げることができる人の助けを借りて、その仕事を成し遂げるために最善を尽くす。結局のところ、私や他の誰かが達成できることは、社会にとって有益で関連性のあることだけに集中すべきである。

6. 名声から忘却へ：忘れ去られ、失われた有名人たちの知られざる物語

　かつて名声を馳せたが、時が経つにつれて忘れ去られた人物が何人いるだろうか。逆に、他人の名声を讃えた人物の何人が、その後この世を去っただろうか？

7. ヘルプで戦いを克服する：援助が恥ずかしさをもたらさない理由

　援助を受けることを恥ずかしいと思わないことだ。君たちの任務は、町を攻撃する兵士のようなものなのだから。もしあなたが身体的な理由で一人で城壁に登ることができなくても、他の人の助けを借りれば登ることは可能である。

8.　未来を大胆に受け入れる：未知に立ち向かうための合理的アプローチ

　未知の未来に惑わされることなく、必要なときに、現在の状況と同じ理性的なアプローチで、未来に立ち向かうのだ。

9.　聖なる絆: 宇宙のすべてがどのようにつながっているか

　すべてのものは相互につながっており、この絆は神聖なものだ。他のものから完全に切り離されたものは事実上存在しない。すべてのものは協調してつながっており、宇宙の同じ秩序を形作るために組み合わさっている。すべての実体を構成する宇宙はただひとつであり、ひとつの神がすべてに浸透している。さらに、すべての知的生物に適用される一つの物質、一つの法則、共有された理性、そして一つの真理が存在する。この共通の理性を共有する同系統の動物すべてに、本当にひとつの卓越性があるとすれば。

10.　無限の中に消えていく：物理的、因果的、記憶的領域のはかない性質

　すべての物理的なものはやがて存在全体に溶け込み、すべての因果関係は速やかに普遍的な理性に吸収され、すべての記憶は時間の経過によって速やかに没却される。

11.　合理性と本能のバランス：自然で合理的な行動を探る

　理性的な存在にとって、同じ行動は自然であると同時に合理的であるとも考えられる。

12.　直立の選択充実した人生への鍵

　汝、まっすぐであれ。

13. コラボレーションの力人間システムの一員としての役割を受け入れ
る

　統一体の構成員と同じように、個々の理性的存在もま
た、協力するように設計されている。自分が理性的存在のシ
ステムの一部であることを思い出すことで、このことをより
よく理解することができる。しかし、もしあなたが自分自身
をこのシステムの構成要素としてしか見ていないのなら、あ
なたはまだ他人を本当に愛していないことになる。優しさそ
れ自体がもたらす喜びを体験しておらず、自分のために善を
行うのではなく、礼儀の問題としてしか捉えていないのだ。

14. 知覚の力：外的出来事の見方を変えることで、思考をコントロール
する方法

　外的な出来事は、私の感じることのできる部分に影響を
与えるかもしれない。しかし、これらの出来事を否定的にと
らえなければ、私は傷つけられず、自分の思考をコントロー
ルする力を持っている。

15. エメラルド・ウェイ

　誰に何をされようと、何を言われようと、私は高潔であ
り続けなければならない。金やエメラルドや紫の宝石が常に
それを肯定しているようなものだ。私はエメラルドのよう
に、他人の行動や言葉に関係なく、自分の純粋な色を保つ必
要がある。

16. 折れない心恐れを知らない魂の平穏への秘訣

　心は自分自身を悩ますことはない。自分自身を怖がらせ
たり、痛めつけたりすることはない。とはいえ、もし他の誰
かが心を怖がらせたり傷つけたりできるのであれば、やって
みればいい。なぜなら、心は外部からの影響なしに、自分自
身をそのような状態に変えることはないからだ。必要であれ

ば、身体は自分自身を傷つけず、コミュニケーションを保つことに対処しよう。しかし、恐怖や痛みを経験することができ、それらに関する意見を創造することを完全にコントロールできる魂は、そのような思考に関与することによって苦しむことは決してない。心の中にある支配原理は、自ら望まない限り何も望まないものであり、それこそが、自らの邪魔をしたり妨げたりしなければ、穏やかで自由でいられる理由なのだ。

17. 想像力の追放：純粋な幸福の探求

　幸福、すなわちユーデモニアはポジティブな力だ。では、なぜここにいるのか、想像力？神々のご加護によって、来た時と同じように去ってください。それなのに、あなたは昔のやり方に固執している。私はあなたに腹を立てているわけではない。

18. 変化を受け入れる必要性：入浴から有益な結果へ

　変化を恐れる人はいるだろうか？変化なしに何が起こるというのか。自然の摂理にこれほどふさわしいもの、好ましいものはあるだろうか？薪が変質せずにお風呂に入ることができるだろうか？食べ物が変質することなく、自分を維持することができるだろうか？変化なしに他の有益な結果を得ることが可能だろうか？宇宙全体にとってそうであるように、あなたにとっても変化を受け入れることが等しく必要であることがわからないのだろうか？

19. 普遍的な激流に乗る：時はいかにしてすべてを蝕むのか - 23節、第6章15節からの考察

　すべての身体は、普遍的な物質の猛烈な奔流に沿って運ばれ、私たち自身の身体の各部分のように、自然と一体化し、全体と協調している。時はすでに、クリシッポス、ソク

ラテス、エピクテトスのような無数の哲学者を飲み込んでしまった。これと同じ必然性を、あらゆる人や物事について考えてみよう。

20. 人間の本質を守る不適切な行動とタイミングを避ける

私が懸念しているのは、不適切な手段であれ、不適切な時期であれ、人間性の体質に反する行動をとる可能性だけだ。

21. 言葉の刷新：忘れかけの言葉を磨く

あなたがあらゆることを忘れてしまうのは、誰からも忘れられてしまうのと同じように、間近に迫っている。

22. 無条件の愛家族の過ちを許す

人間は不思議なもので、過ちを犯した人であっても愛することができる。これは、彼らが自分の家族であり、無知から、あるいは意図せずに行動したと認識したときに起こる。私たちは皆、いつかは死ぬのだから、なぜ恨むのか？最も重要なことは、あなたに過ちを犯した人が、あなたの正しい決断力を損なわなかったということだ。

23. すべてを包み込む自然の変容力

すべてを包み込む物質の中にある自然の力が、蝋のようにさまざまな形を作り出し、馬から木へ、そして人間へ、最終的には別の存在へと姿を変える。しかし、器の崩壊は、最初の構成に手間がかからなかったように、不平不満ではない。

24. 魅力を超えて：しかめっ面をし続けることの危険性と生きる正当性の喪失

しかめっ面の表情はまったく不自然であり、それが頻繁に採用されると、すべての魅力が失われ、最終的には完全に消滅し、二度と再燃することはない。この事実は、しかめっ面が不合理であることを示唆している。悪いことをしているという意識がなくなったら、生き続けることに何の正当性があるというのか。

25. 自然の終わりなき再生：世界を支配し、変える

　自然はすべてを支配し、私たちが目にするものを絶えず変化させている。既存のものから新しいものを生み出し、世界は常に新しくなる。

26. 視点の力：他者を理解することで、許し、共感することができる

　誰かがあなたを不当に扱ったとき、何が正しいのか、何が間違っているのか、相手の立場に立って考えてみましょう。それを理解することで、ショックや怒りの代わりに共感を感じることができる。結局のところ、何が善か悪かについて相手と同じ意見を持っているか、別の同じような考えを持っているかのどちらかである。その場合は、相手を許すべきだ。しかし、彼らの意見に同意できない場合でも、間違っているかもしれない相手に対して理解し、親切にすることはできる。

27. 今あるものを受け入れる：執着しない鑑賞術

　自分に欠けているものに目を向けるのではなく、自分が持っているものに目を向けなさい。その中から最も優れたものを選び、もしまだ持っていなかったら、どれだけそれらを欲していたかを考えること。ただし、それらに夢中になりすぎて、その価値を過大評価したり、それを失ったら不安になったりしないように注意すること。

28．内なる平和の発見：あなたの中にある理性の力を解き放つ

　自分の内側に入りなさい。支配する理性的な原理は、正義を行うことに満足を見いだし、それによって内なる平和を達成しようとする自然な性質を持っている。

29．手放す技術をマスターする：今この瞬間を受け入れ、手の届くところにあるものをコントロールする

　空想的な考えを排除する。自分でコントロールできない状況をコントロールしようとするのをやめる。今この瞬間だけに集中する。自分自身や他人に影響を与えている出来事を明確に理解する。すべての物体を、その原因か物質的な構成かのどちらかに分類する。自分の死について考える。人の悪行が及ぼす影響を、害のあった場所にとどめる。

30．意図を探る：言葉と行動の重要性

　話されている言葉に集中する。行動とその背後にある俳優を理解する。

31．慎みの力：神に従い、複雑な世界で掟を守る

　美徳と悪徳の間にあるものには無関心でありながら、簡素さと慎み深さを受け入れる。全人類を愛し、神に忠実に従うこと。かつて詩人が言ったように、法はすべてを支配している。

32．変容か停止か：死の必然的な結末

　死については、それが飛散であれ、原子化であれ、消滅であれ、最終的には停止か変容のどちらかに帰結する。

33．痛みに耐える：心の慰めと身体の反抗

　痛みとは不思議なものだ。耐え難い痛みは私たちを衰弱させ、圧倒してしまうが、痛みを長期間我慢することで、より耐えられるようになる。このような時、私たちの心は内側に目を向け、静寂を保ち、意志力の完全性を保つことで慰めを見出す。しかし、痛みの影響を受けている身体の部位は、その気になれば意見を言う権利がある。

34. 名声の代償名声を求める人々の心を解き明かす

名声については、それを求めて努力する人々のメンタリティーを調べる。彼らの特徴、尻込みしていること、追い求めていることに注意すること。砂がその下の層を覆い隠すように、人生のその後の出来事も、やがてそれ以前のものを覆い隠してしまうことを肝に銘じておくこと。

35. 高尚な精神のパラドックス：プラトンはなぜ死は否定的ではないと考えるのか

プラトンはかつて、「高尚な精神性を持ち、歴史と実体を通してすべての存在を認識する人間が、人間の人生を本当に注目に値するものと考えることができるだろうか。いや、そんなことはあり得ない。「こうして、この人物は死が否定的な出来事ではないと考えるようになる」。絶対にありえない。

36. 王家の美徳：逆境の中で善を行う力 - アンティステネスの洞察

アンティステネスは言った。"人は虐待に直面しても善を行うことで真の王族であることを示す"。

37. 顔より心：自己調整に不可欠なバランス

表情は心の指示に従い、自らを律するべきだが、心は自らを律するべきでない。この振る舞いは不可欠である。

38. 感情的な荷物を手放す：無関係なことを心配しても無意味な理由

自分の感情に関係ないことを心配する必要はない。

39．喜びを広げる：不滅の神々と自分自身を喜ばせる

不滅の神々と私たち自身に喜びをもたらそう。

40．生命を収穫する誕生と死のサイクル

人生は熟したトウモロコシのように収穫されるべきだ。一人の人間が生まれ、また一人の人間がこの世を去る。

41．神々が私と子供たちに無関心な理由

神々が私や私の子供たちを気にかけないのなら、何か理由があるに違いない。

42．善と正義の力個人的な発見

私は善と正義を持っている。

43．ストイック・セレニティ感情のコントロールと回復力の習得

他の人たちと一緒になって嘆き悲しむ必要もなければ、激しい感情を爆発させる必要もない。

44．才能の誤謬：道徳よりもリスクを優先させることに対するプラトンの反論

プラトンに従えば、私はこの男にこう答えるだろう。才能ある個人が、その行動が正義か不正か、あるいは善人か悪人かの資質を体現しているかどうかに注目するのではなく、生死のリスクだけを考慮すべきであると考えるなら、あなたは間違っている。

45．名誉ある死と向き合う：義務と忠誠の重要性

アテネの諸君、問題の真実は、指揮官から自分にとって最も有利な場所を指定された者は、その職務を放棄して不名誉になるのではなく、死やその他の結果を考慮することなく、そこに留まり、危険に立ち向かうべきだということだ。

46. サバイバルからベストを尽くす生き方へ：高貴さと善良さの検証

　親愛なる友よ、気高さと善良さが単なる生存とは異なるかどうかを考えてみよう。真の人間の寿命にこだわるのは賢明ではない。生に執着するのではなく、自分の運命を神に委ね、運命は避けられないものだと気づかせてくれる女性たちの知恵を受け入れなければならない。その代わりに、与えられた時間の中でいかに最高の人生を送るかに集中しよう。

47. 星と旅する：自然の交流に関する浄化的考察

　まるで星と一緒に旅をしているかのように、星の流れを観察する。さらに、自然の要素が互いに影響し合っていることに思いを馳せる。このような考察は、地上の存在の不純物を浄化する。

48. より高い視点からプラトンの目を通して人間を考察する

　かつてプラトンは言った：「人間性を論じるときは、地上的な事柄を、あたかも高いところから眺めるように観察すべきである。これには、集会、軍隊、農作業、結婚、条約、誕生、死、法廷の騒ぎ、何もない荒れ地、多様な蛮族の国、祝い事、弔い事、市場、あらゆる種類の状況や対立するものの調和したブレンドなどを調べることが含まれる。"

49. 40年か1万年かを検証する：将来の政治的変化を予測する

　過去を振り返ってみてください。同じようなパターンをたどる可能性が高いので、これから起こることを予想することもできる。今起きていることは今後も続くだろう。従って、人間の人生を40年間検証することは、1万年間検証するようなものだ。なぜなら、他に何が残されているからだ。

50. 天の起源：天の元素の故郷を探る

　地球から生まれたものは地球に戻る。しかし、天から来たものは天の起源に戻る。これは原子の分離や、同等の性質を持つ生命のない物質の分散によって説明できる。

51. 天国のリフレッシュメントとずる賢いトリック：悲劇的な結末を避けるために運命を変える

　美味しい軽食と狡猾な手品で、運命の流れを変え、悲劇的な結末を回避することを目指す。天の風に吹かれながら、愚痴ひとつこぼさず、ひたむきに働く。

52. 卓越性の真の尺度：相手を打ち負かすだけではない

　相手を打ち負かすことに長けていても、愛想がよく、謙虚で、どんな困難にも立ち向かう覚悟があり、隣人の欠点を理解しているとは限らない。

53. 大胆不敵で生産的：神々と人間の普遍的論理を成功に活かす

　神々と人間の普遍的な論理に従って仕事をこなせば、何も恐れることはない。生まれつきの能力と体質に合った生産的な活動に従事すれば、危害が及ばないことを確信できる。したがって、私たちは、成功し、適合する行動によって私たちに利益をもたらすものについては、何も恐れる必要はないのである。

54. 敬虔さと正義を受け入れる力を自分に与える：マインドフルな内省の技術

　あなたは常に、自分の現状を敬虔に受け止め、周囲の人々に正義を持って接する力を持っている。さらに、いつでもどこでも、自分の考えを巧みに吟味し、吟味されていない考えが定着するのを防ぐことができる。

55. 自分の本性に従う：合理性と社会的相互作用の鍵

他人のモラルや価値観にこだわらず、自分自身の自然な本能に従うこと。自分の置かれた環境における物事の起こり方と、自分自身の本性に基づいて取るべき行動に注意を払うこと。すべての存在は、その固有の特性に従って行動すべきであり、他のすべてのものは理性的な存在に奉仕するために創造されたものである。同様に、劣ったものの間では、優れた生き物に仕えることが目的だが、理性的な存在に関しては、互いに仕え合うために存在する。

人間の本質を支配する最も重要な原則は、社会的相互作用である。さらに、肉体の要求に屈してはならない。私たちの行動を支配するのは知性の責任であり、感覚や食欲に圧倒されてはならない。知性はそれらすべてを使いこなすように設計されているのだから。最後に、理性的な人間は誤りや欺瞞がないように努めなければならない。したがって、私たちの道徳的羅針盤がこれらの原則に忠実であれば、私たちは正しい道を歩むことになる。

56. 避けられない死と調和して生きる：人生の目的を見つけるためのガイド

自分はすでに亡くなっていて、ここまでの人生を生きてきたと考える。残された時間を自然に従って生きる。

57. 運命の愛：運命が織りなすものを受け入れる

運命が運んできて、運命の織物に織り込まれたものだけを愛する。これ以上ふさわしいことがあるだろうか？

58. 運命の支配者になる：外的な気晴らしを捨て、自己成長を選択する

どのような状況に直面しても、同じ経験をした人たちのことを思い出し、彼らがどのように反応したかを思い出してほしい。しかし、彼らはどうなったか？どこにもない。で

は、なぜ彼らの足跡をたどることを選ぶのか？外的な気晴らしにとらわれるのではなく、目の前の状況をどう生かすかに集中する。そうすることで、あなたは楽に対処できるだけでなく、自己成長の足がかりにすることができる。自分自身の行動に優先順位をつけ、すべての行動において高潔な人間であることを約束する。忘れないで…

59．善を掘り起こす：内なる限りない流れを解き放つ

自分の内側を見つめる。善の源は心の奥底にあり、掘り続ければ永遠に流れ続ける。

60．エフォートレス・エレガント自然な動きと姿勢の重要性

身体は流線型で、滑らかで自然な動きと姿勢を示すべきである。顔に表現される知性と礼儀正しさを体に反映させることが重要である。しかし、これは人工的で作為的なものであってはならない。

61．人生の課題を克服するレスラーのアプローチ

生きる術は、突然の予期せぬ試練に立ち向かえるよう準備し、揺るぎないものでなければならないからだ。

62．誰の承認を心掛ける：不快感や疑わしい影響を避ける

自分が誰の承認を求めているのか、彼らの道徳的信条を常に意識すること。そうすれば、意図せずあなたを怒らせた人を批判することもないし、彼らの考えや欲望を理解すれば、疑わしい人からの承認を求めることもなくなる。

63．真実と美徳の欠乏：哲学者の慈悲への洞察

哲学者は、すべての個人は本質的に真理を欠いていると仮定する。この欠乏は、正義、節制、博愛など、他の美徳にも及ぶ。この事実を常に忘れないことが重要だ。そうするこ

とで、周囲の人々に対してより思いやりを持つことができるようになる。

64. 痛みに対する誤解：痛みを克服する方法

　苦しいときには、それが不名誉なことではなく、知性を汚すものでもないことを思い出してほしい。それは、あなたがいかに理性的であるか、社交的であるかには何の影響も与えない。たいていの痛みは耐えられないものではないし、永遠に続くものでもないというエピクロスの名言を心に留めておきなさい。痛みには限界があり、想像力で増幅させるべきではない。さらに、眠気、熱っぽさ、食欲不振など、数多くの不快な感覚は痛みとはみなされないことを認識することが肝要である。したがって、これらのことに不満を感じたときは、自分が肉体的な苦痛を感じているのではないことを思い出してください。

65. 人間に対する非人道的な行動を模倣することの危険性

　非人道的なものを人間扱いしないように注意することだ。

66. 魂の探求：テローグとソクラテスの性格を比較する

　テローゲスが人格的にソクラテスより劣っていたかどうか、どうすれば判断できるのだろうか。ソクラテスがより高貴な死を遂げたとか、詭弁家たちとより巧みに議論したとか、寒い夜をよりよく耐え抜いたとか、あるいはサラミスのレオンの逮捕を拒否し、公の場で自己中心的な態度で闊歩したとか--この最後の点については疑問が残るが--を考慮するだけでは十分ではない。むしろ、私たちはソクラテスの魂の本質を探り、彼が他人に対して公正であることに満足し、神々に対して敬虔であったかどうかを見極めるべきである。彼は他人の邪悪さに過度に影響されることを許さなかったし、誰かの無知の奴隷になることもなかった。自分の身に起こったことを異常なことだとも思わず、耐え難いことだとも思わなかった。肉体の苦しみに心を揺さぶられることもなかった。

67. ミニマリズムの力自己統治と神への従順を通じて神聖な個人になる

自然は、あなたが自分自身とあなたに属するものすべてをコントロールし、統治することができないほど、知性を身体の構成に徹底的に混ぜ込んだわけではない。たとえ誰も認めてくれなくても、あなたは神聖な個人であり得るのだ。このことを肝に銘じ、真の幸福を得るためには、人生に対する最小限のアプローチで十分であることを忘れてはならない。熟練した弁証法学者や自然主義的な学者になるという考えを捨てたからといって、自由で謙虚で社交的で神に従順であるという展望をあきらめてはならない。

68. 自分の中の力を解き放つ：混沌の中に平穏を受け入れ、挑戦をチャンスとして受け入れる

たとえ全世界があなたに反対しようとも、あなたを包む肉体を野獣が襲おうとも、強制されることなく、自由に穏やかに生きることはあなたの力の及ぶところである。心は平静な状態を保つことができ、自分を取り巻くすべての物事を公平に判断する能力を持ち、自分に提示された物体を容易に使うことができる。心の判断は、それが他人からどのように受け止められるかに関係なく、物事の本質を見抜くべきであり、一方、その使用は、求めるものを見極めなければならない。理性的なものであれ政治的なものであれ、美徳の材料として提示されるものはすべて、人間的なものであれ神的なものであれ、芸術を行使する機会となる。というのも、起こることすべてが神か人間との関係を持っており、取り組むべき

通常の適切な素材を提供してくれるからである。従って、何一つ目新しいものはなく、扱いにくいものはない。

69. 強い道徳性を解き放つ毎日を誠実に生きる

道徳的に健全な人格を持つための鍵は、過度に興奮したり、無反応になったり、自分を偽ったりすることなく、毎日を最後の日だと思って生きることだ。

70. 不滅の神々の忍耐：欠点だらけの人間が我慢に飽きるまで持ちこたえる

不滅の神々は、不完全な人間、特に悪い人間を長期間許容しなければならないにもかかわらず、つらさを感じない。彼らはまた、人類があらゆる面で十分に世話されるようにする。しかし、人間であるあなたは、不幸の重荷を背負わなければならないことに、特に自分がその一因となっていることから、うんざりしていないだろうか？

71. 自らの欠点を避ける：達成可能だが、他人の欠点から逃げる？不条理

自分の欠点は避けられないのに、他人の欠点から逃げようとするのは馬鹿げている。

72. 理性的能力と社会的能力の優越複合体：知性と社会的基準の定義

理性的で社会的な能力は、その性質上、知性や社会的基準に満たないものを劣っているとみなす。

73. 第三の報酬を求める罠：善行はなぜ無私でなければならないのか

いったん善行を行い、それによって誰かが利益を得たのに、なぜ愚か者がよくやるような第三の報酬を求め続けるのか。この第三の報酬とは、善行を行ったことを認めてもらうことかもしれないし、見返りを得ることかもしれない。しかし、そのような期待は不必要であり、見当違いである。

74. 分かち合う無尽蔵の喜び：便利な贈り物が廃れない理由

　役に立つものをもらって飽きない人はいない。だからこそ、自然に従って行動することが大切なのだ。だから、役に立つものを提供するのに疲れることはないのだから、ためらわずに他の人に役に立つものを分かち合いなさい。

75. 宇宙の合理性：知ることに平和と落ち着きを見出す

　宇宙は「すべて」の動きによって形成された。しかし、今起きているすべての出来事は、原因と結果、あるいは連続性によって起きている。また、宇宙の支配力によって導かれた最も重要な出来事でさえ、合理的な原理によって動いているわけではない可能性もある。この事実を思い出すことで、さまざまな場面で、より平安と落ち着きを得ることができる。

BOOK 8

- 自然と調和して生きる

自然の原則に沿って生きることで、自分の人生をコントロールし、真の満足を見つけよう。自分が本当に望むことに集中し、自分の行動が他の人のためになるかどうかを考える。変化を受け入れ、あらゆる障害をチャンスとして、人間の目的に沿った活動を追求する。存在するものすべてに目的があるのだから、物事を総合的に見てバランスを見つけなさい。敬意と謙虚さを持って話し、自分の行動がいずれ人類のためになると信じなさい。宇宙の絶え間ない変化を恐れず、諸行無常を受け入れなさい。人生の一時性を大切にし、物事が計画通りに進まなかったとしても、自分に厳しくしすぎないこと。あなたには神聖な潜在能力を解き放ち、世界をより良い場所にするための行動を起こす力があります。だから、目を覚まして人のために何か良いことをし、困難を受け入れ、今日も良いことをすることを選びなさい。せっかくのチャンスなのですから、文句を言わず、行動してください。

1. 名声への欲望を捨てる：自分の本性に従って生きることに真の幸福を見出す

　この考察は、哲学者のような生き方では得られない名声への欲望を手放すこと、特に若い頃からそのような生き方をしていない場合について述べている。あなた自身を含め、多くの人にとって、あなたが哲学者でないことは明らかだ。あなたは無秩序に陥っているため、その名声を得ることは難しく、現在のライフスタイルはそれを支えるものではない。

　このことに本当に気づいたなら、他人の評価を気にするのはやめよう。その代わりに、自分自身の本性に従って生きることに集中するのだ。それが何であるかを見極め、何ものにも惑わされないことだ。理屈でも、富でも、名声でも、快楽でも、他の何ものでもなく、本当の幸せを見つけることなく、あなたはすでに人生でさまざまな道を経験してきた。では、真の幸福はどこにあるのか？それは人間の本質を満たすことによって見出される。人はどうすればそれを達成できるのか？思考と行動の指針となる原則を持つことだ。

　どのような原則か？善と悪に基づくもの。人間にとって、公正、節制、強さ、自由をもたらさないものは何一つ良いものはなく、その反対をなすものは悪いものだという信念だ。

2. 人生の瞬間を最大限に活かす自己を振り返り、目的を持って生きる力

　すべての行為の前に、自問するのだ。後悔するだろうか？時間は儚く、私はすぐにいなくなる。では、他に何を望めばいいのだろう？もし私の現在の行動が、神と同じ掟を守る知的で社会的な存在の原則に沿ったものであるなら、他に何かを求める必要はない。

3. 哲学の真の巨人たち：ディオゲネス、ヘラクレイトス、ソクラテス
   はいかにして古代世界の偉大な支配者たちを凌駕したか？

アレクサンダー、カイウス、ポンペイウスは、ディオゲ
ネス、ヘラクレイトス、ソクラテスに比べれば見劣りする。
これらの偉大な哲学者たちは、物事の本質、原因、根本原理
を深く理解していた。それとは対照的に、アレクサンドロス
とその一族は、多くの責任を負い、多くの関心事の奴隷とな
っていた。

4. 止められない：爆発的な結果にもかかわらず続く男たちの習慣

たとえあなたが爆発したとしても、男性は関係なく同じ
ことを続けるということを覚えておいてほしい。

5. 宇宙の法則を受け入れよ：ハドリアヌスとアウグストゥスに学ぶ徳
   と謙虚さ

要点はこうだ：すべては宇宙の法則に従っているのだか
ら。すぐに、ハドリアヌスやアウグストゥスのように、取る
に足らない、目立たない存在になる。第二に、自分の仕事に
注意を集中し、高潔な人間であること、人間性の要求に応え
ることが自分の責任であることを肝に銘じなさい。職務を逸
脱することなく遂行し、いかなる偽善も避け、公正さ、誠実
さ、謙虚さをもって自分の考えを表現すべきである。

6. 普遍的な移籍を受け入れよう：目新しさの美を探求する

普遍的なものの目的は、物事をある場所から別の場所に
移し変えることである。普遍的なものは、物事をあちらこち
らへ移動させ、必要に応じて変化させ、排除する。人生にお
けるあらゆるものは変化するものだが、目新しさを恐れる必
要はない。すべての物事は私たちにとって認識可能である
が、その配置や組織は異なるかもしれない。

7.　正しい道の発見真理、社会的善、普遍性

　理性的な存在とは、真理以外の何ものにも容易に同意し、行動を社会的な善にのみ向け、欲望と嫌悪を自分のコントロールできる範囲にとどめ、普遍的な本性によって割り当てられたすべてを受け入れるときに、正しい道を歩むものである。葉の性質が植物の性質の一部であるように、個々の性質はすべて普遍的性質の一部である。しかし、植物の性質には知覚と理性が欠けており、障害にさらされる。一方、人間の本性は、妨げがなく、理解し、正義を体現する無形の本性の一部であり、あらゆる分配は功徳、時間、物質、原因、活動、出来事に基づいている。しかし、2つの特異な対象同士を比較するのではなく、1つの対象のすべてを評価し、別の個々の対象のそれと比較することが極めて重要である。

8.　内なる力を解き放つ：傲慢さを克服し、より高い目的を追求する

　読書をする時間や能力はなくても、傲慢さを克服する能力はある。快楽を追い求め、苦痛を避けることから立ち上がることができる。名声を求め、無知な人間や恩知らずな人間に煩わされることなく、おそらくは彼らに思いやりを示すことさえない。

9.　サイレント・ジャッジメンツ法廷と私生活を批判することの危険性

　法廷生活や自分自身の人生を批判する声を、もう誰にも聞かせないでほしい。

10.　快楽という幻想：悔い改めが真の優先順位付けにつながる理由

　悔い改めとは、有益なものをないがしろにしてきたことに対する自省の念である。しかし、真に善いものは有用でなければならず、真に善い人はそれを優先すべきである。さらに、真に善良な人は、つかの間の官能的な快楽を見過ごしたことを後悔することはないだろう。したがって、快楽は有用とも善とも考えられない。

11. 解き明かされる謎：未知の物体の本質、構成、存在を探る

その本質、その構成は一体何なのか？どのような物質、材料を含んでいるのか？どのような形をしているのか？それは世界でどのような役割を担っているのか？そしていつまで存在し続けるのか？

12. 睡眠よりも社会的交流を求める自然な本能を受け入れる力

目覚めが悪いと感じたら、人間であるあなたが社会的な交流をするのは自然なことであり、非合理的な動物にとって睡眠は一般的な活動であることを思い出してほしい。しかし、誰にとっても自然にできることは、その人特有のものであり、その人の本質に沿ったものであり、より喜ばしいことなのだ。

13. 魂の科学物理学、倫理学、弁証法を日常生活に取り入れる

物理学、倫理学、弁証法の原則を、あなたの魂が受けるあらゆる印象に、継続的に、そして可能な限りいつでも適用する。

14. ビリーフ・ファクターある人の考え方を理解することで、その人の行動や衝動を予測する方法

どんな人に出会っても、自問することだ：何が正しくて何が間違っているのかについて、その人はどのような信念を持っているのだろうか？快楽、苦痛、その源、また名声、恥、死、生に対する考え方が特定の意見と一致していれば、彼らが特定の行動をとっても驚くことでも注目されることでもないだろう。強迫観念が彼らの行動を導いているかもしれないことを心に留めておいてください。

15. 期待されることを期待する：医師とヘルムスマンへの注意喚起

いちじくの木にいちじくの実がなって驚くのは愚かなことだ。医師や舵取りは、人の発熱や不順な風に対して油断してはならない。

16. 謙遜の力：なぜ訂正を受け入れることが自由の鍵なのか？

自分の意見を変え、訂正を受け入れることは、自分の誤りに固執することと同様に、自由にとって不可欠であることを忘れてはならない。なぜなら、あなた自身の主体性を発揮し、あなた自身の分別と理解に基づいて決断を下しているからです。だから、自分が間違っていることを認め、他人から学ぶことを恐れないでほしい。それはすべて、真の自立に向かう旅の一部なのだから。

17. 非難よりも説明責任を選ぶ目的を持った決断をする

もし自分が何かをコントロールできるのなら、なぜそれを選ぶのか？しかし、もし他の誰かがコントロールしているとしたら、誰のせいにするのか。どちらの選択肢も愚かだ。誰のせいにもすべきではない。できることなら、根本的な原因に対処すること。できないなら、状況そのものを解決しようとする。しかし、それすらできないのであれば、不平を言う意味はあるのだろうか？結局のところ、何事にも目的があるはずなのだ。

18. 永遠のサイクル死はいかにして変容と宇宙との統合へと導くのか？

死んだものは宇宙から完全に去るわけではない。その代わり、変容を遂げ、自然と宇宙や自分自身の一部である要素に溶け込む。これらの要素も時間とともに変化するが、静かに、不平を言うことなく変化する。

19. 存在の目的を発見する：快楽を求めるだけでいいのか？

　すべてのものには目的がある。では、なぜそれを意外だと思うのですか？太陽にだって、他の神々にだって、存在する理由がある。あなた自身の目的は何ですか？単に快楽を求めるだけなのか？これが基本的な論理と一致しているかどうか考えてみよう。

20. 弾むボールからはじける泡まで：自然のスタートとエンドゲームを理解する

　自然は、ボールを投げる人のように、始まりと終わりの両方を考える。したがって、ボールを投げ上げることに何の利益もないし、ボールが降ってくることに何の害もない。同じように、泡がそのままの状態で何の利益があり、泡が弾けたときに何の害があるのだろうか？光にも同じ考え方が当てはまる。

21. 人体のもろさと地上での経験の無意味さ

　書き直した：
　身体の内側を調べて、その性質を理解し、年をとるにつれて、あるいは病気に罹ったときに、身体がどのように変化するかを理解する。褒める人も褒められる人も、記憶する人も記憶される人も短命である。これらはすべて世界の片隅で起こっていることであり、ここでも個人個人の意見の相違や対立がある。地球の広大さを考えれば、人間が経験することはすべてほんの一片にすぎない。

22. 明日の美徳：自己向上のための遅延行動の重要性

　意見であれ、行動であれ、話し言葉であれ、目の前の仕事に集中すること。今日徳を積むことよりも、明日より良くなることを優先するのだから、遅れた行動から生じるどんな結果も自業自得だ。

23. 神のインスピレーション人類向上のための努力

　私は何か行動を起こしますか？私は、それが人類の利益となるようにする。もし私に何か出来事が起こったら、私はそれを神々と、すべての出来事を支配する根源的な力に認め、捧げる。すべての出来事はこの源から派生しているのだ。

24. 人生の汚物に飛び込む：存在の反発的本質を理解する

　油、汗、汚れ、不潔な水……あなたにとって入浴のような嫌悪感を抱かせるものはすべて、人生や他のすべてがそういうものだ。

25. 人生の儚さ：逝くことと滅びることを目撃する‐伝説と忘れられた男たちの物語

　ルシーラはヴェルスの死に立ち会い、間もなく旅立った。セクンダはマキシムスの死に立ち会い、同じ運命をたどった。エピティンチャヌスはディオティムスの逝去を目撃し、同様に息を引き取った。アントニヌスはファウスティナの旅立ちを見届けた後、最期を迎えた。そういうこともある。セラーはハドリアヌスの旅立ちを見届けた後、自らもこの世を去った。

　透視能力者であれ、単なる自信過剰であれ、そのような聡明な人たちは今どこにいるのだろうか？聡明なチャラックス、プラトン主義者のデメトリアス、エウダエモン、その他同類の者たちは？みんなとっくの昔に死んでしまった。すぐに忘れ去られた者もいれば、伝説となった者もいる。そしてまた、神話の領域から消え去った者もいる。私たち自身の小さな化合物、私たち自身は、崩壊するか、つかの間の息が絶えるか、別の場所に運ばれるかのいずれかであることを心に留めておいてほしい。

26. 義務の遂行：優しさ、合理性、洞察力を通じて満足を得る男の道

　人は、自分に期待される義務を果たすことで満足感を得る。他者への優しさを示し、肉体的な感覚に左右される衝動を抑え、納得のいく状況を理性的に判断し、世界の仕組みやその中で起こる出来事を洞察することも、そのような義務のひとつである。

27. 人間関係の三要素：あなたの身体、神、そしてあなたのインナーサークル

　ひとつはあなたを取り囲む肉体との関係、もうひとつは万物を生み出す神聖な源との関係、そしてもうひとつは、あなたと共に生きる人々との関係である。

28. 魂に力を与える：痛みが内なる強さに変わる方法

　痛みは身体に害を及ぼすこともあれば、魂に害を及ぼすこともある。しかし、魂は自分自身の落ち着きと平穏をコントロールすることができるので、痛みを完全に否定的な経験として捉えるべきではない。結局のところ、すべての思考と感情は私たちの内側から生まれるものであり、私たちの内なる力を圧倒するほど本当に有害なものはないのだ。

29. 内なる力を解き放つ：あなたの魂をネガティブから解放し、明晰さを受け入れる方法

　頻繁に自分に言い聞かせることで、荒唐無稽な想像を排除する：私には、ネガティブなもの、欲望、妨害が魂に入り込むのを防ぐ力がある。その代わり、私はあらゆる物事の本質を分析し、それに従って活用する。この力は、自然そのものが私に授けてくれた内なるものであることを、常に心に留めておくのだ。

30. 適切に話す技術明確なコミュニケーションのための戦略

　元老院であろうと個人であろうと、気取らず、わかりやすい言葉で、適切に話す。

31. 最後の一族：アウグストゥスの血統の消滅を考える

　アウグストゥスの妻、娘、子孫、先祖、妹、アグリッパ、近親者、親密者、友人、アレイウス、マエケナス、医師、生贄祭司を含む宮廷全体が滅びた。個人の死だけでなく、ポンペイとその墓に刻まれた悲痛な墓碑銘のように、家系全体の消滅である："最後の一族"彼らの前の世代が、立派な後継者を確保するために並々ならぬ努力をしてきたことを振り返り、いつか誰かが最後の一人になることは避けられないということを痛感する。全人種がこの世を去ることの重大さを、今一度考えてみてほしい。

32. 人生のゲームに勝つ：最高の努力と柔軟性で義務を果たす

　あなたの義務は、あらゆる行為を最善を尽くして、自分の人生をよく生きることである。最善を尽くしたなら、満足しなさい。誰もあなたが義務を果たすことを妨げることはできない。外的要因が作用することはあっても、あなたが正当に、冷静に、思いやりをもって行動することを止めることはできない。何か邪魔が入ったとしても、その邪魔を受け入れ、合法的で生産的な別のことに努力をシフトすることを厭わないこと。そうすることで、自分の価値観やモラルに沿った行動をとる新たな機会が得られる。

33. 謙虚な富：富を獲得し、手放す技術

　謙虚さをもって富や繁栄を手に入れ、必要なときにはそれを手放す覚悟をする。

34. 再びつながる力：再び集団の一員となる

　切断された手や足、頭部が身体から離れて横たわってい
るのを目撃したことがある人なら、不満を持って社会から距
離を置くことを選んだ人の例えを理解できるだろう。そうす
ることで、彼らはある意味、団結という自然の摂理から自分
自身を切り離しているのだ。自分自身を切り離してしまった
かもしれないが、自分が自然によってより偉大なものの一部
として創造されたこと、そして自分にはその一体性と再びつ
ながる力があることを思い出すことが重要だ。

　神は人類に、自らを普遍的な全体と再結合させる能力を
授けた。この贈り物の優しさと寛大さを考えると、本当に驚
くべきことだ。この力を受け入れることで、あなたは再び集
団の大切で必要な一部となり、本来の居場所と目的を取り戻
すことができる。

35. 理性的な存在に力を与える障害を道具に変える

　すべての理性的存在には、この力を含め、普遍的自然が
持つすべての力が与えられている。普遍的本性は、障害とな
るあらゆるものを変容させ、所定の場所に固定し、それらを
自らの中に同化させることができる。同様に、理性的な動物
は、どんな障害物も自らの道具に変え、意図したとおりに使
用する能力を持っている。

36. マインドフルネスをマスターするストレスに打ち勝ち、今を生きる

　自分の人生全体にストレスを感じるな。自分の身に降り
かかるかもしれないトラブルばかりを考えて、自分を追い詰
めないこと。その代わり、問題に直面したら、『このことの
どこが本当に耐えられないのか』と自問することだ。答えに
窮するだろう。また、あなたを苦しめるのは未来でも過去で
もなく、今この瞬間だということも忘れないでください。し

かし、この瞬間に集中し、対処しようともがく心を叱れば、この瞬間を小さくすることができる。

37. 墓参りの無駄：なぜ死者に執着すると反感を買うのか？

パンテアやフェルガムスは現在、ヴェルスの墓のそばに座っているのだろうか？ハドリアヌスの墓にシャウリアスやディオティムスがいるかと考えるのは、とんでもないことだ。仮にそこに座っていたとしても、故人は彼らの存在に気づくだろうか？たとえ気づいていたとしても、彼らに喜びをもたらすだろうか？もし彼らが喜んだとしたら、それは彼らを不死にするのだろうか？結局のところ、これらの人々が年を取り、やがて死を迎えることは避けられない。では、彼らが亡くなった後はどうなるのか？この議論は、血糊と腐敗の忌まわしい調合以外の何ものでもない。

38. 視野を研ぎ澄ます：賢明に判断するための哲学者の賢明なアドバイス

哲学者は、もし私たちが鋭い視覚を持っているならば、賢く見て判断しなさいと忠告している。

39. 美徳と悪徳：理性的な動物の体質における節制の探求

理性的な動物の体質を調べてみても、正義に反する美徳は見当たらない。しかし、快楽を愛することに逆らう美徳、それは節制である。

40. 完全な安全性を解き放つ：理性は痛みに対する盾となる

自分を苦しめているように見えるものの周りにある自分の意見を取り除けば、あなたは完全な安心感の中に立つことができる。では、その自分とはどの部分なのか？それはあなたの理性です。しかし、あなたは自分は理性ではないと主張するかもしれない。それは構わない。その場合は、あなたの理性自体に迷惑をかけないようにしましょう。もし、あなたの他の部分が苦しむなら、それ自身に自分の意見を持たせればいい。

41．心の力を解き放つ：障害を乗り越え、感覚を育てる

　感覚を妨げることは動物にとって有害であり、欲望を妨げることも同様に有害である。植物もまた、外的要因によって成長が妨げられることがある。ひいては、知的能力を妨げるものは、人間の心にとって有害である。これらの原則を自分の人生で考えてみよう。痛みや喜びの感覚は、あなたに影響を与えますか？自分の感覚に注意を向けてください。目標を追求する上で障害にぶつかったことはありますか？もしあなたが純粋に目的を達成しようと努力しているなら、そのような障害は確かにあなたの理性的な心に害を与えるだろう。しかし、障害が人生の本質的な一部であることを認めるなら、本当に害を受けたり妨げられたりしたことにはならない。にもかかわらず、知性は（肉体とは違って）外的な力に影響されず、変化しない。例えば、あるレベルの理解に達すると、そのレベルを維持する。

42．アート・オブ・セルフ・コンパッション痛みの連鎖を断ち切る

　自分自身を苦しめるべきではないし、他の誰かを苦しめるつもりもない。

43．喜びを解き放つ多様性を受け入れ、健全な精神状態を保つ

　喜びの源泉は人それぞれであり、私にとっての喜びとは、あらゆる人や経験を分け隔てなく受け入れながら、健全な精神状態を維持することである。私はあらゆることにオープンで受容的な視点で取り組み、それぞれの経験を最大限に生かす。

44. 今を生きる：なぜ今を優先することが充実した人生の鍵なのか？

　自分自身のために、今この瞬間を確実に優先すること。死後に認められようと努力する人は、未来の人々も今嫌っている人々と同じであることを理解していない。未来の人々がある考えを示したり、あなたについて意見を持ったりしても、少しも気にする必要はない。

45. 変化の中に平穏を見出す：場所による幸福の神話を否定する

　私をどこへでも連れて行きなさい。そこで私の神聖な本質が、その本性に従って振る舞うことができる限り、穏やかで満足したままであろうから。たかが場所が変わるだけで、私の魂が不幸で品位を失い、憂鬱、不安、恐怖の感情にさらされることが正当化されるのだろうか？また、そのような状態を正当化できるもっともらしい説明があるだろうか？

46. 忍耐の力人間の本質が人生の苦難に与える影響を受け入れる

　人に起こるすべての出来事は、人間の本性の結果である。牛が経験できるのは、その性質に固有のことだけである。それゆえ、それぞれのものが典型的で予想されることに遭遇するのであれば、なぜ人は嘆く必要があるのだろうか？自然は、人が耐えられないものは何ももたらさない。

47. ジャッジメントをなくす：不快と苦痛を克服する力を解き放つ

　何か外的なものによって不快感を感じるなら、それは対象そのものではなく、あなた自身の判断が邪魔をしているのだ。あなたには今すぐこの判断を排除する力がある。同じように、自分の体質の中に苦痛を引き起こしているものがあるとしたら、それに対する自分の意見を正すことを止めるものがあるだろうか？また、自分が正しいと信じていることをしないことに苦痛を感じているのなら、不平を言うのではなく、なぜ行動しないのだろうか？あなたの行く手に乗り越えられない障害があるのだろうか？もしそうなら、悲しむことはない。なぜなら、それが成就しない理由はあなたにはどうしようもないからだ。しかし、この目標を達成しなければ生きている価値がないと感じるのであれば、障害に阻まれようとも、望みをすべて達成した人のように、楽しく人生を去りなさい。

48. 内なる征服できない力安全で幸せな人生のための自制心の発見

私たちの中にある支配的な力は征服不可能であることを忘れてはならない。自制心を持っているとき、私たちは自分自身に満足している。たとえ頑固さから抵抗したとしても、自分の選択に従って行動するだけだ。しかし、理性に基づき、意図を持って決断するとき、この力はさらに強くなる。したがって、感情から解放された心は要塞のようなもので、人間に最も安全な避難所を提供する。このことにまだ気づいていない者は無知であり、わかっていながらこの内なる要塞に避難しようとしない者は不幸である。

49. 第一印象の極意：第一印象の極意：第一印象にこだわることで、無用なトラブルを避けよう

最初の印象で明らかになったことだけを話す。誰かがあなたの悪口を言っていると聞いたら、それが言われたことは認めるが、自分が悪者だと決めつけない。わが子の具合が悪いのを見かけたら、その事実を観察するが、自動的にわが子が危険にさらされているとは考えない。したがって、常に第一印象に忠実で、自分の想像を加えないようにすれば、不必要な複雑さを避けることができる。そうすれば、余計なややこしい事態を避けることができる。むしろ、世の中で起きていることすべてに精通している人の考え方を採用することだ。

50. 自然の壮大な芸術性：自然はいかにして古いものを無駄なく新しいものに変えるのか？

キュウリが苦ければ捨てる。道に夾竹桃があれば避けよ。なぜそのようなものがこの世に存在するのかを問うてはならない。大工や靴職人の作業場での削りかすや切りくずを批判すれば嘲笑されるのと同じように、自然を理解する人々から嘲笑を招くだけだからだ。しかし、これらの職人にはそのような廃棄物を処理する場所があるのに対し、自然の壮大な営みには外部スペースがない。しかし、彼女の芸術は非常に非凡で、制約を受けながらも、枯れ、老い、陳腐化しそうなものはすべて新しいものに変えてしまう。彼女は自分の空間、物質、職人技に満足しているのだ。

51. 内なる平和を極める：シンプルさと謙虚さの力

自分の行動を怠り、会話を乱し、思考を散漫にし、内的な葛藤や外的な暴発に満ちていてはならない。また、生活に夢中になって、余暇を過ごす時間がないようなことがあってはならない。

他人があなたに危害を加えたり、あなたを侮辱したり、呪ったりしたとしても、あなたの純粋で賢明で冷静で公正な考え方に影響を及ぼすべきではない。誰かが呪おうが汚そうが、澄んだ清らかな泉が流れ続けるように、あなたも毎日簡素さと慎み深さを実践することで、いつまでも自由で満たされた状態を保つことができるのだ。

52. 目的のための危険な探求：混迷する世界におけるアイデンティティと妥当性のナビゲート

世界についての知識がない者は、その中での自分の居場所がわからず、迷ってしまう。同様に、世界の目的を理解しない者は、自分自身のアイデンティティも、世界の真の性質も知らない。このような基本的な概念を理解できない人は、自分の人生の目的を定義することができない。自分自身や自分の周りの世界を十分に理解すらしていない人たちに正当性を求める人をどう思いますか？

53. 自己批判的な人々に承認を求めることのパラドックス

あなたは、毎時間自分を責めてばかりいる人から称賛されたいと望むだろうか？自分を喜ばせることさえできない人を喜ばせようとするだろうか？自分のすることのほとんどすべてを後悔している人が、本当に自分に満足できるだろうか？

54. 普遍的な知性の力を解き放つ：ブレス・ビヨンド・エア・シンクロナイゼーション

周囲の空気と同調することだけに呼吸を制限してはならない。その代わりに、あなたの知性がすべてを包含する知性と同調するようにしなさい。知性の力は万物にまんべんなく広がって存在しており、それを求める者なら誰でもアクセスできる。

55. ウィキッド・トゥルース：悪いことをしても自分以外は傷つかない方法

一般的に、邪悪であることは宇宙に有害な影響を与えない。具体的には、ある人の邪悪さが他の人に害を及ぼすことはない。害を及ぼすのは邪悪さを持っている本人だけであり、本人はいつでも邪悪さから解放される。

56. 自律の力：自分の自由意志を大切にすることで、隣人の悪行から身を守る方法

私は自分自身の自由意志を何よりも大切にしているので、隣人の自由意志は、彼らの息や肉といった身体的属性以

上に、私にとって重要なものではないと信じている。私たちは共存するように創造されたとはいえ、それぞれが独自の権限と目的を持っている。実際、もし私たちが独自の自律性を持っていなければ、隣人の悪行が私に害を及ぼす可能性がある。神は、私たちの幸福が他人の行為に左右されないことを望んでおられるのだ。

57. 散乱を越えて：太陽の光に対する理解を深める方法

　太陽はあらゆる方向に光を降り注いでいるように見えるが、それは単に散乱しているのではない。この光の広がりは拡張であり、その光線は伸びることから「エクステンション」と呼ばれている。光線が何であるかは、太陽光が小さな開口部から暗い部屋に入るのを観察すれば理解できる。光は一直線に進み、固いものに遮られるが、固定されたまま迷うことはない。心も同じように、障害物に向かって力んだり急いだりすることなく、安定した光を放ちながら理解を深めていくべきである。そうでなければ、障害物が照明の妨げとなる。

58. 恐怖を超えて：死を受け入れることで、どのように新しい感覚を得ることができるのか？

　死を恐れる人は、感覚を失うことを恐れているか、違う感覚を経験することを恐れている。しかし、感覚がなければ害を感じることはない。別の感覚を経験すれば、新しいタイプの存在となり、生き続けることができる。

59. 人間性の高揚教育、指導、思いやりの力

　人間は互いに支え合い、高め合うために存在する。したがって、私たちは彼らを教育し導くか、忍耐と思いやりを持たなければならない。

60. 止められない心自信を持って目標に向かう

矢と心の動きは違う。しかし、心は、警戒しようが、探究しようが、揺るぎない方向性を持って対象に向かって前進する。

61. マインド・インベイジョン推理力を引き出す鍵

あらゆる人の理性を侵し、あらゆる人に自分の理性を侵させる。

BOOK 9

- 博愛で力を与える

人生は喜びと悲しみの繰り返しであることを思い出すために、自分のための時間を持つこと。自然の法則を尊重し、苦痛の代わりに快楽を追い求め、罪を避けるために危険から逃れ、死と未知なるものを受け入れなさい。不当な行為の結果を理解し、神の意志に満足を見いだし、自然と調和するために心を澄ませなさい。善意で力を与え、親切心で幸福を求め、魂を解き放ち平和を見つけなさい。行動は感情よりも雄弁であり、中立の石には利益も害もない。自分自身の感情を調べることは、自己認識の対立を解決する助けとなり、変化は避けられない。共通の利益のために団結し、神々に安らぎを見出そう。選択の必然性、自己の吟味、人生のはかなさ、無邪気さの重荷、宇宙の無限のサイクルを受け入れなさい。虚栄心よりも謙虚さを選び、不愉快なことを避け、意見から自由になる。人生の複雑さを見つめるときは、意図に集中し、不謹慎な世界で柔和さを学び、祈りで心の鍵を開けなさい。

**1.　不当に行動することの愚かさ：普遍的な本性に逆らうことがいかに
無秩序をもたらすか**

　不当な行為をする者は、不敬な行為をする。普遍的な本
性は、理性的な動物たちを、その相応しさに応じて互いに助
け合うように創造したが、互いに危害を加えるようには創造
しなかった。したがって、この掟に背く者は、最高の神性に
対して不敬である。同様に、嘘をつく者は同じ神性に対して
不敬である。普遍的自然は真実であるものを創造するために
存在するからである。意図的に嘘をつく者は、欺くことによ
って不当な行為をする。一方、意図せずに嘘をつく者は、普
遍的な本性に逆らい、世界の自然の秩序を乱す。これは、自
然から授かった力を使いこなせず、虚偽と真実を区別できな
いために起こる。

　さらに、快楽は善であり、苦痛は悪であると信じる人
は、不敬な行為をしている。なぜなら、そのような人は、功
徳に反するものを与える普遍的な本性を誤って非難するから
である。多くの場合、悪人は快楽と快楽をもたらすものを享
受し、善人は苦痛と望ましくないものに苦しむ。同様に、誰
かが苦痛を恐れたり、この世で起こることを避けようとした
りするとき、その人もまた不敬な振る舞いをする。

　自然に従う者は、普遍的な自然が等しく影響を受ける事
柄について、同じ考えを持つべきである。つまり、普遍的自
然が平等に扱う苦痛、快楽、死、生、名誉、不名誉については
、平等に影響を受けない者は不敬な行為をしているという
ことだ。私は、普遍的な本性はそれらを等しく扱うと言うの
であって、連続的に生まれた者にも、後に生まれた者にも同
じように起こると言うのではない。摂理は、存在するはずの
もののある原理を構想し、存在や変化やそのような連続を生
み出す力を決定したのである。

2.　究極の至福を見つける生と死における欺瞞と腐敗からの脱出

　人間の究極の至福は、偽り、見せかけ、浪費、うぬぼれに染まることなくこの世を去ることだろう。しかし、もしそのようなことに満足したのなら、この世を去ることが次善の策となるだろう。

　悪癖に固執する決心はついたか？この災いから逃れることを、まだ納得していないのか？心の腐敗は、私たちの周囲に蔓延しているどんな空気感染する病気よりも、はるかに悪い災いだからだ。というのも、この汚染は動物には動物としてしか影響を与えないが、前者は人類をその核心から感染させるからだ。

3.　避けられないことを受け入れる死を受け入れることが充実した人生に不可欠な理由

　死を軽んじるのではなく、自然の営みのひとつとして受け入れなさい。若くなること、年をとること、成熟すること、歯や顔の毛などの身体的特徴が発達すること、子孫を残すことが自然であるように、消滅もまた人生の自然な一部である。したがって、内省的な人間にとって重要なのは、死を無視したり急いだりせず、むしろ自然のプロセスとしてとらえることである。子供の誕生を辛抱強く待つように、自分の魂がこの肉体を去る準備をするのだ。

　死と折り合いをつけるために、さらなる慰めが必要な場合は、残される物や人のことを考えてみよう。他人に対して恨みを抱くのではなく、自分の価値観を共有する人たちから離れないことを心に留めながら、彼らを優しく気遣うことがあなたの責任である。志を同じくする人々とともに生きる機会、これこそが私たちを人生にしがみつこうと思わせる唯一のものなのだ。しかし現実には、共に暮らす者同士の不和が大きな悩みの種になることもある。そのような場合、"死よ、早く来てください、私が我を忘れてしまわないように "
と叫ぶことは許される。

4.　不義と不正の自傷行為：負のカルマ効果

　間違ったことをする人は、自分自身に害を及ぼしてい
る。同様に、不当な行いをする者は、自分自身にネガティブ
なカルマを作り出しているため、自分自身にも害を及ぼして
いる。

**5.　不作為の不当性：行動を控えることは、行動することと同じくらい
　　有害である。**

　多くの場合、不当な行為を積極的に行う者だけでなく、
何かをすることを控える者も不当な行為で有罪になる可能性
がある。

6.　十分なコンテンツあなたの信念と行動が社会にもたらすもの

　あなたの現在の信念はあなたの理解に基づいており、あ
なたの現在の行動は社会に利益をもたらすことを目的として
おり、あなたはすべての出来事に満足するという現在の性質
を持っている、それで十分なのだ。

7.　セルフコントロールをマスターする：心と欲望を飼いならす技術

　想像力を抑え、欲望をコントロールし、過剰な食欲を消
し去る。理性を抑え、自分の心と意思決定をコントロールし
続けなさい。

8.　一つの魂、二つの存在：理性的な動物と非理性的な動物の違い

　理性的でない動物がひとつの生命を持っているのに対
し、理性的な動物はひとつの知的な魂を持っている。これ
は、地球上のすべての生き物が一つの地球を共有し、一つの
光が私たちすべてを照らし、私たちは皆、目が見えるか生き

ているかに関係なく、同じ空気を吸っているという事実に匹敵する。

9. つながりの魅力：モノとモノの自然な絆

　共通の特徴を持つ物体はすべて、自然に互いに引き寄せられる。地上の物体は地面に引き寄せられ、液体は一緒に流れ、空気のような物質も同じように振る舞い、それらを引き離す力を必要とする。一方、火のエレメントは、その本質的な性質により上方へ移動するが、他のあらゆる形の火との反応性が高いため、抵抗が少なく乾燥した物質に容易に着火する。同様に、理性的な性質を共有する生物は互いに惹かれ合う。この引力は、優劣の尺度が大きくなるにつれてさらに強くなる。ミツバチ、家畜、鳥類では、ある種の愛さえ存在するため、集まって集団を形成することができる。人間のような理性的な動物では、社会的共同体、友情、家族単位の形成が見られる。政治や戦争も、国民国家間の条約や休戦協定と同様に存在する。最高の存在の間では、たとえ互いに離れていても、星々に最もはっきりと見られるように、共有された一体性が存在する。より高いレベルの存在になることで、このような人間的な共感は、そうでなければ別個の存在同士であっても誘発される。しかし、このような自然な傾向にもかかわらず、人間はこのようなつながりを積極的に避けようとする唯一の知的存在である。とはいえ、私たちの本質的な性質は、積極的に他者へと引き寄せ、それによって私たちの意志よりも強い必然的な絆を生み出している。その証拠に、よく見ればわかる。地上の属性を持たない物体を見つける確率は、完全に孤独な人間を見つける確率よりも高い。

10. 実り多きトリオ：人間、神、そして宇宙、理性の力

　人間も神も宇宙も実を結び、それぞれが適切な時に実を結ぶ。たとえ社会がこれらの言葉をブドウの木や類似の植物

と特別に結びつけていたとしても、それは重要なことではない。理性は誰に対しても、また自分自身に対しても実を結ぶ。さらに、理性は理性そのものに匹敵するものを生み出す。

11. 障壁を打ち破れ：他者に力を与え、思いやりをもって許す

もしあなたに能力があれば、道を踏み外した者を教育することが望ましい。しかし、それができないのであれば、赦すという選択肢もあることを常に心に留めておくことだ。神々もまた、そのような人々に対しては寛容である。健康、富、尊敬を得られるよう手助けしてくれるかもしれない--それほど慈悲深いのだ。あなたにも同じことができる。では、誰が、何が、あなたの行く手を阻むのか？

12. 自制心をマスターする：社交の場での成功の鍵

惨めな人間として、また同情や賞賛を求める人間として労働してはならない。その代わり、意志の力をひとつの目的に集中させること--社会規範に従って行動し、自制すること--。

13. より強くなる内部トラブルの克服

今日、私はすべての悩みから抜け出した。より正確には、外的なものではなく、むしろ私自身と私の信念の中にあったすべての悩みを取り除いた。

14. 埋もれた記憶：儚い現在に執着することの無意味さ

すべてが身近で儚く、本質的な価値はない。埋葬された人々に代表されるように、現在も過去と何ら変わりはない。

15. 私たちの支配能力の力：意見なしで対象を判断する

　モノは独立して存在し、それ自身についての知識や意見はない。では、誰が、何が、それらに判断を下すのか？その答えは、私たちの支配能力にある。

16. 行動力：合理的な社会的動物の美徳と悪徳を解き明かす

　理性的な社会的動物の悪と善は、受動性の中にあるのではなく、むしろ活動の中にある。同様に、彼らの美徳と悪徳は、彼らの行動から生じるのであって、その欠如から生じるのではない。

17. 昇降のパラドックス：重力の倫理を探る

　投げ上げられた石が落ちてくるのは悪いことではないし、そもそも投げ上げられた石が必ずしも良いわけでもない。

18. 見えない審判男性の基本原則と自己認識を探る

　人間の核となる原則を掘り下げれば、彼らが恐れる審判と、彼らが自分自身をどのような審判だと認識しているかが見えてくる。

19. 宇宙における変容と破壊の永遠のダンス

　自分自身を含め、すべてのものは絶えず変化しており、それは変容と破壊の絶え間ないプロセスである。これは宇宙全体に言えることだ。

20. 不干渉の道徳的要請：なぜ私たちは他者にその行為の結果を直視させなければならないのか？

　あなたには、他人の不当な行為をそのままにしておく責任がある。

21. 変化を受け入れる編集を通して、人生の終わりと新たな始まりへの恐れに立ち向かう

　ある活動に終止符を打ち、動きを止め、変化を受け入れることは、ある意味で否定的なことではない。では、あなたの人生について考えてみよう。子どもの頃、青年期、壮年期、そして老年期。これらの各段階において、すべての変化は止揚の一形態であった。人はこのような変化を恐れるべきなのだろうか？祖父のもとでの人生、母のもとでの人生、そして父のもとでの人生を振り返ってみよう。あなたが経験したいくつもの違い、変化、終わりについて熟考しながら、これは恐れるべきことなのかと自問してみてほしい。したがって、同じように、個人の全人生に起こる終結、停止、変容を恐れるべきではない。

22. 平等な宇宙でセルフ・ガバナンスを極める：正義と説明責任についての考察

　自分自身を統治する能力を、宇宙や隣人のそれと同様に、素早く検証しなさい。あなた自身の自己統治を公正で公平なものにすることに努め、大宇宙の中での自分の位置を思い出しなさい。隣人の行動と、それが無知からなされたものなのか、それとも知識からなされたものなのかを検討し、彼らの自己統治能力があなた自身のそれと同じであることを考えなさい。

23. 大いなる善への貢献：社会的に有益な行動の重要性

　社会の一員として、あなたがとる行動はすべて、より大きな利益に貢献するものでなければならない。直接的または間接的に社会的な利益をもたらさない行動は、あなたの人生を引き裂くものであり、公の集まりで集団からはみ出るよう

な反抗に似ている。したがって、すべての行動を社会生活の価値ある構成要素にするよう努めなさい。

24. 墓場の描写：子供たちの喧嘩と無残な死体の中で思い出す呪われた記憶

幼い子供たちの喧嘩や遊び、生気のない遺体を抱えた不遇な霊の存在、これらは私たちの身の回りにあるものだ。だからこそ、墓地の描写が際立つのだ。

25. 素材のない形：物体における形の耐久性を探る

ある物体の形状を、その物質の構成とは無関係に分析し、考察する。そして、その形状を持つ物体が本来耐えられるように設計されている最大持続時間を確認する。

26. 真の満足を解き放つ：合理的な考え方の限界を手放す

あなたは、理性的な心が本来の目的の範囲内で行動することに満足を見いだせず、果てしない困難に苦しんできた。もう十分だろう。

27. 共感する力：あなたを非難し憎む人を理解する

誰かに責められたり、嫌われたり、悪口を言われたりしたら、少し時間をとって共感し、相手の立場を理解しよう。その人が心の底では本当はどんな人なのかを知るようにしよう。彼らの意見や、彼らがあなたに起こそうとするかもしれないトラブルについて、あなた自身が悩む必要はないことに気づくだろう。相手も人間であり、自分の弱さや不安から行動を起こすことがよくあるのだ。

とはいえ、最終的には仲間なのだから、優しさと敬意をもって接することが大切だ。神々もまた彼らを見守っており、夢やサインを送って、彼らの目標や願望へと導いていることは注目に値する。だから、彼らの旅路を信じ、思いやりをもって彼らを心に抱いてあげてほしい。

28. 宇宙の永遠のダンス：生命の起源と変容を探る

　宇宙の動きは一貫しており、周期的で、永遠である。普遍的な知性がそれぞれの効果に責任を負っているか、あるいは、物事を一度だけ動かして、その後に続く現象が順番に起こるのである。もうひとつの可能性は、不可分の要素が万物の起源であるというものだ。結局のところ、もし神が存在するならば、すべてはあるべき姿なのだ。偶然が支配しているのであれば、それに振り回されないのが一番である。

　私たちは皆、やがて大地に覆われ、大地そのものも、変化から生じるあらゆるものとともに、絶え間なく、果てしなく変容していく。変化の速さと、それがもたらす無限の変容を知れば、人は朽ち果てるものを軽視するようになる。

29. 自然のささやかな営み：政治的虚飾への警告

　普遍的な大義は、荒れ狂う冬の激流のようなもので、あらゆるものを一網打尽にする。それなのに、哲学者気取りで政治に携わる者たちは、なんと無価値なことだろう！彼らは皆、単なるおしゃべりな愚か者なのだ。

　だから、親愛なる男よ、自然が求めることを実行せよ。もしそれが自分の力の及ぶ範囲であるなら、誰も見ていないことを確認するために周囲を見回すことなく、自分自身を動かすのだ。プラトンの共和国のような壮大なユートピア社会を期待してはならない。その代わり、小さな成功に満足し、それを偉大な業績だと思え。結局のところ、誰が他人の意見を本当に変えることができるのだろうか？そのような変化がなければ、私たちは、従順なふりをしながらも本当に苦しんでいる人々の奴隷となるのだ。

　アレクサンダー、フィリッポス、ファレロムのデメトリオスについてはどうだろう？彼らが自然の要求に従って生きたかどうかを判断できるのは彼らだけだ。もし彼らが悲劇のヒーローのように振る舞ったのなら、彼らは後に続くに値する模範を示さなかったことになる。哲学の仕事は単純で慎み深い。傲慢とうぬぼれに導かれてはならない。

30. 人類の多様性に関する考察：鳥瞰図

　嵐に耐えているのか、穏やかな海を楽しんでいるのか、膨大な数の人類と、彼らのさまざまな習慣や経験を俯瞰してみよう。生まれ、共に生き、そしてこの世を去る人々の多様性に思いを馳せる。さらに、先人たちや後世の人たち、原始的な社会に生きる人たちの人生にも思いを馳せてみてください。あなたの名前を忘れる人は数え切れないほどいることを理解し、今あなたを称賛している人たちでさえ、やがてあなたを非難するかもしれない。死後の名前も、評判も、何もかもが結局は無意味であることを忘れてはならない。

31. 積極的な社会的相互作用における自由と正義への努力：生来の本性を受け入れる

　外的要因による妨害からの自由を確保することは極めて重要である。さらに、内的衝動に起因する行動において正義を守ることも重要である。このような行動は、私たちが生まれながらにして持っている性質に沿うものであるため、積極的な社会的相互作用に焦点を当てるべきである。

32. 心を解き放つ：広大な宇宙に思いを馳せることで、不必要な雑念を取り除くことができる。

　邪魔になるような無駄なものは、自分の意見として存在しているに過ぎないのだから、簡単に排除することができる。宇宙の永遠性を観想することで、宇宙の広大さを理解し、誕生から消滅までに万物に起こる急速な変化を観察することで、あなたは十分な精神的スペースを確保することができる。注目すべきは、誕生する前も、消滅した後も、同じように無限の時間があるということだ。

33. 避けられない衰え：生命の滅びゆく本質を目撃する

目に映るすべてのものはやがて滅び、その滅びを目撃する者もまた、やがて滅びる。古希まで生きた人も、最後は若くして死んだ人と同じ状態になる。

34. 愛と尊敬を表現する逆説的な動機と原則

彼らを導く主な原則は何か、また、彼らを夢中にさせるものは何か。さらに、彼らが愛と尊敬を表現する動機は何か？彼らの心の奥底にある考えや感情を丸裸にしてみよう。叱ることが害をもたらし、褒めることが善をもたらすと信じているという考え方は、かなりばかげているように思える！

35. 変化の必然性と完璧主義の愚かさ

喪失は変化の一形態に過ぎない。普遍的な本性は変化を喜びとし、万物はこれまでも、そしてこれからも、変化を受ける。悠久の昔から、物事は一貫して同じような形をしてきたし、これからもずっとそうだろう。過去も現在も未来も、すべてに本質的な欠陥があると思いますか？数え切れないほどの神々がこれらの問題に対処できず、世界は永遠に終わりのない混沌に呪われていると？

36. モーフィング・マター変化し続ける生命の本質

万物の核心にある腐敗！水、塵、骨、汚物。大理石の岩、大地のざらざらした部分。金銀は単なる堆積物であり、衣服は単なる髪の毛のかけらでできている。威厳のある紫色の染料でさえ、ただの血であり、他のすべてはそれに倣う。

生命の本質もまた変容の対象であり、ある形から別の形へと絶えず移り変わる。

37．不幸の連鎖を断ち切る：人生をシンプルにし、自分自身を向上させる

愚痴や未熟な振る舞いで惨めな人生を送るのはやめよう。なぜ動揺しているのか？何があなたを不快にさせているのか？状況の外見でしょうか？それを観察してください。それとも、その本質なのか？それを分析する。これらの要素以外には何もない。だから、神々に対するアプローチを単純化し、自分自身を向上させよう。たった3年こだわろうが、100年こだわろうが、同じことだ。

38．不運か不正か？不幸における非難ゲームを探る

自分のせいで不幸に見舞われたのなら、それは彼の不運だ。しかし、何も悪いことをしていない可能性もある。

39．究極のジレンマ：知性の源は一つなのか、それとも分散した原子だけなのか？

万物はひとつの知的な源から生まれ、ひとつの体として協力し合い、個々の部分は全体の利益のためにとられた行動を批判することができないのだろうか？それとも、原子だけが混ざり合い、分散した状態で存在しているのだろうか？もし後者なら、なぜ悩むのか。支配的な能力を取り上げ、それが堕落していないか、偽善的になっていないか、あるいは他の部分と一緒に群れをなして餌を食べることで動物的になっていないか、と問うのだ。

40．恐怖、願望、苦痛を克服する助けを得る：神々への祈りを再考する

神々には力があるのかないのか？もし神々に力がないのなら、なぜわざわざ神々に祈るのだろうか？しかし、もし

神々に力があるのなら、これらのことが起こらないように
神々にお願いするのではなく、あなたが恐れや欲望、苦痛を
克服できるように神々にお願いしてみてはどうだろうか？結
局のところ、神々が人間に働きかけることができるのであれ
ば、きっとこれらの問題にも働きかけることができるはず
だ。

　神々はあなたに自由意志を与えたと主張するかもしれな
いが、その力を使って、できないことを望むよりも、できる
ことをコントロールする方がいいのではないか？それに、
神々が私たちの個人的な苦労を助けてくれないと誰が言っ
た？これらのことについて助けを求め始めて、何が起こるか
見てみよう。

　例えば、"どうすればあの女性を誘惑できるか？"と問う
のではなく、"どうすれば彼女を追いかけたい誘惑に勝てる
か？"と問うのだ。あるいは、"どうすればこの状況から抜け
出せるか？"と問う代わりに、"どうすれば逃げ出したいと感
じなくなるか？"と問う。また、"どうすれば我が子が死なず
に済むか？"と問うのではなく、"どうすれば我が子を失う恐
怖に打ち勝てるか？"と問うのだ。

　このように祈りを変えてみて、どんな結果が生まれるか
見てみよう。

41. 心を支配するエピクロスに倣って、病気にも負けず健康を維持しよう

　エピクロスは闘病中、自分の身体的苦痛について話すこ
とはなかったと断言している。その代わり、見舞い客とはそ
のような話題を避け、肉体の不調にさらされているにもかか
わらず、心はいかにして幸福を保てるかについて説き続け
た。彼は、心を乱れから守り、自らの正しい善に集中し続け
ることを信条としていた。彼は、医師たちが自分に対する治
療で大げさに見えることを許さなかった。それどころか、エ

ピクロスの人生は満足と喜びに満ちていた。それゆえ、彼の例に倣えば、人はどのような状況が起ころうとも、哲学を堅持すべきなのである。無知な人間との軽薄な議論を避け、目の前の仕事とそれに必要な道具にのみ集中することは、あらゆる学派の基本原則である。

42. 理解する技術人間の本質を理解することで、私たちはどのように内なる平和を見つけることができるのか？

　誰かの恥知らずな振る舞いに腹を立てたとき、自問してみよう：恥知らずな人間は存在しないのだろうか？答えはノーだ。不可能を期待してはいけない。この人は、このような振る舞いをする多くの人の一人に過ぎず、この世界に存在しなければならないことを認識すること。これと同じ理屈を、欺瞞に満ちた人間や、不正を働く人間にも適用してください。そのような人々が常に存在することを認めると、個人として誰に対しても理解が深まる。愚かさに対しては温和さを、他のタイプの人間に対しては他の力をというように、自然はあらゆる不当な行為に対抗する美徳を備えていることを忘れてはならない。

　何か不当な行為があったとき、それに対抗するために自然が与えてくれた美徳を認識することは有益である。怒るのではなく、間違った方向に進んでいる人に教えることを考えるべきだ。結局のところ、過ちを犯した人は誰でも目的を逸しており、指導が必要なのだ。さらに、その人の行為があなたに害を与えていないか考えてみてください。たいていの場合、私たちを怒らせた人は、私たちの心を悪くするようなことは何もしていない。私たちが彼らの行動に見る悪は、私たち自身の心の中にしか存在しないのだ。

　不誠実であったり、恩知らずであったりすることで誰かを責めている自分に気づいたら、一歩下がって状況を検証してみよう。信頼できない人物を信用したか、見返りを期待せずに真に親切を与えなかったか、その責任はあなたにあるのかもしれない。博愛の行為は、それ自体が報酬となる。他人

を助け、公益を促進するために自分の本性に従って行動する
とき、私たちは目的を果たし、自分自身の満足を得る。

を助け、公益を促進するために自分の本性に従って行動する
とき、私たちは目的を果たし、自分自身の満足を得る。

BOOK 10

- 内なる力を解き放つ

自分の人生を管理し、その美しさに感謝する。自分の心に従い、重要でないことは無視する。間違いを犯しても構わないことを理解し、良い人であるために完璧である必要はない。世界のすべてはつながっているのだから、他人の幸福を考えなさい。すべてのものは時間とともに変化することを認識する。親切で、謙虚で、正直な人を目指そう。疑いや恐れが成功や失敗をもたらすことを理解し、失敗しても粘り強く努力する。良い人は正直で礼儀正しく、親切である。大切なのは、自分の信念と行動だけだ。自然が皆のために食べ物や水を提供してくれていること、世界は存在するもの、存在しないものすべてを愛していることを忘れないでください。人生は神秘であり、何が起こるかを常にコントロールできるわけではない。

1. 純粋な満足への努力神や世界と調和する生き方

私の魂よ、あなたは善良で、単純で、純粋であろうと努力するだろうか。周囲のすべてに満足し、満足することがあるだろうか？生きているものであれ、無生物であれ、ただ快楽を追い求めるためだけに、何も望まずに満たされることがあるだろうか？もっと時間が欲しいとか、もっと違う環境がいいとか、もっと気候がいいとか、完璧な仲間が欲しいとか思わずに、人生を満喫できるだろうか？今の境遇に感謝し、身近なすべてのものに満足し、すべては神からもたらされたものであり、すべての出来事には理由があると信じるだろうか？神々が与えようが与えまいが、万物を束ね、包み込み、変容と再生を可能にする完璧で、正しく、美しい生命の本質のために、すべてが順調であり、このままであると維持するだろうか？

あなたは神々と人間の間で完璧な調和を保ち、過ちや非難を受けることのないように注意するのか？

2. 本能を受け入れる：合理性と自然な存在のバランスをとるためのガイド

自分の本能だけに導かれて、自分の本性が何を求めているかを観察する。生物としてのあなたの幸福を損なわないのであれば、それに従い、受け入れなさい。また、理性的な動物としてのあなたの性質が要求することにも注意を払いなさい。自分の理性に悪影響を与えないのであれば、これらの活動に没頭してもよい。ただし、理性的な動物として、あなたは社会的な存在でもあることを忘れないでください。従って、これらのガイドラインを守り、それ以外のことに関心を持たないこと。

3. 忍耐から力強さへ：自然の恵みで人生の挑戦を受け入れる

起こることはすべて、もともとあなたの耐えられる範囲内か、それを超えるかのどちらかだ。自分の能力の範囲内であれば、文句を言うな。ただ、あなたがそうするようにデザインされたように耐えればいい。しかし、もしそれがあなたの能力を超えるものであったとしても、最終的にはあなたを消耗させ、消滅させてしまうのだから、文句も言うな。自然はあなたにあらゆることに耐えられるように備えており、あなたはそれらを有利なもの、あるいは必要なものとみなすことによって、耐え忍び、許容できるようにする力を持っていることを忘れてはならない。

4. 力づける対応：責任と優しさを持って間違いを正す

間違っている人がいたら、親切に指導し、間違いを指摘する。しかし、それができない場合は、その状況に責任を持つか、自分を責めるのを完全に控える。

5. 最初から運命づけられていたあなたの存在の糸を解き明かす

あなたに何が起ころうと、それは時の始まりからすでに運命づけられていた。原因と結果が動き出し、あなたの存在とそれに伴うすべてのものを織りなしていたのだ。

6. つながりの力：自然のシステムに満足を見出す

まず、宇宙が原子で構成されているのか、それとも自然がシステムとして組織されているのかを確認しよう。いずれにせよ、私は自然が支配する全体の一部であり、私と同じような人々と密接な関係にあると認識している。それを知っている以上、全体の中で自分に与えられた役割に不満を持つことはできない。全体にとって有益なことは部分にとって有害ではなく、全体の中のすべてがその利益に貢献する。宇宙にはさらに、たとえ外圧がかかったとしても、自分自身に有害なものは生み出さないという原則がある。全体とのつながりを認めることで、私はどんな状況でも満足感を得ることができる。私は自分と同じような人々と密接につながっているので、利己的に行動することはない。その代わりに、私は共通の利益を優先し、それに応じて努力を傾ける。この道を歩むことで、私は幸せな人生を送ることができる。

7.　避けられない変化宇宙の自然なプロセスを理解する

　宇宙では、全体を構成する部分も含めて、あらゆるものが当然変化を受けなければならない。この変化は必ずしも悪ではなく、むしろ宇宙に固有の特徴であることを理解する必要がある。しかし、部分が変化するのであれば、全体が良い状態を保つことはできない。では、自然は部分が悪に苦しみ、それにさらされることを意図したのだろうか？それとも、偶然そうなったのだろうか？どちらの仮定もありえない。

　効率的な力としての自然という概念を取り去り、これらの変化を単に自然なものとして捉えたとしても、それに驚いたり動揺したりするのは馬鹿げている。全体を構成する部分は変化する運命にあり、それは自然の状態と矛盾するものではない。さらに、物事は溶解するとき、それらが構成されていた要素に戻る。これは元素の分散という形をとることもあれば、物質が固体から土状、あるいは空気状から空中に変化することもある。最終的に、これらの部分は、再生であれ、火による消費であれ、普遍的な理性と再結合する。

　私たちの体や私たちを取り巻く世界を構成する固形物や空気のような部分も、永久的なものではないことを忘れてはならない。それらは食べ物や空気の摂取によってつい最近獲得されたものだ。それらもまた変化を遂げるだろうが、それが心配や異論を生むことはないはずだ。

　要するに、すべては変化するものであり、それに驚いたり動揺したりするものではない。それは自然のプロセスであり、宇宙とその中にある部分に不可欠なものなのだ。

8.　人生を変える：この**6**つの名前を守ればすべてが変わる

　善良、慎み深い、真実、理性的、平静、大らかな、これらの名前を採用したら、それを手放さないように心掛けること。万が一失ったら、遅滞なく回復すること。理性とは、物事の一つひとつに目を配り、不注意から解放されること。平常心とは、自然に与えられた状況を意識的に受け入れること。大らかな心とは、喜び、苦しみ、名声、死、そうしたあらゆるものよりも、自分の知的な部分を高めることである。他人のためではなく自分のために、これらの名前を持ち続けることで、あなたは変容し、これまでとは違う人生を送ることができるようになる。これまでのように生き続け、そのような人生で苦しみ続けることは愚かなことであり、生きることへの過剰な執着を示している。だから、まるで幸せな島に飛ばされたかのように、これらの名前をしっかりと持ち続けることだ。もしこれらの理想から外れていることに気づいたら、人里離れた場所を見つけて軌道を戻すか、あるいはシンプルに、自由に、慎ましく、しかし情熱のままに人生を去るがいい。少なくとも、人生から旅立つ前に、この偉大な偉業を成し遂げたと言えるはずだ。これらの名前を覚えるために、神々は理性的な存在を好み、お世辞を求めないことを思い出してほしい。また、イチジクの木はイチジクの木の仕事をし、犬は犬の仕事をし、蜂は蜂の仕事をし、人は人の仕事をするべきだということも思い出してほしい。

9.　自分の原則を守る戦争と奴隷制の時代における熟考と理解の重要性

　ミミ、あなたの聖なる原則は、戦争、驚愕、退屈、奴隷によって日々消されていくだろう。自然を学ぶことなく、どれだけ多くのことを想像し、どれだけ多くのことをないがしろにしているだろうか。観察するだけでなく、状況に対処する能力を高めるように行動することがあなたの責任である。瞑想力を発揮し、自分の知識を誇示することなく、また完全に隠すことなく、自信を持ち続けなければならない。

シンプルさ、重厚さ、そしてすべてを徹底的に理解することに努めなければならない。これには、それぞれのものの実体、宇宙における位置、寿命、構成、そしてそれを所有したり奪ったりする力を持つ者が含まれる。

10. ワイルド・キャッチクモは本当にプライドを持っているのか、それともただの泥棒なのか？

クモはハエを捕まえると喜ぶ。同様に、小ウサギを捕獲したり、カタクチイワシを網にかけたり、イノシシやクマを追い詰めたり、サルマート人を征服したりすると、勝利の喜びを感じる人もいる。しかし、その原理を考えてみれば、彼らは皆、ただの山賊ではないだろうか？

11. 知恵を変える：徳と満足への大らかな道

すべてのものが互いにどのように変化していくかを観察する瞑想的な方法を取り入れなさい。常にそれに注意を払い、哲学のこの側面に集中しなさい。この実践は、他にはない大らかさを育む。この考え方を受け入れることで、人は肉体を超越し、正確な時期はまだわからないが、この地上生活から旅立つ必然性を認識する。すべての行動において、人は正義を貫くことに全力を尽くす。人はまた、普遍的な自然に完全に身を委ね、現在与えられていることに満足し、すべての雑念や不必要な追求を放棄する。他人が何を考え、何を言い、何をするかには無関心で、その代わりに重要な2つのことに集中する。律法を通して高潔な道を歩むことで、人はまっすぐな道を達成し、神の近くにとどまることができる。

12. 理性を受け入れる不安を克服し、人生の調和を実現する

状況を見極め、最善の行動を決めることができるのに、なぜ偏執的な不安に陥るのか？進むべき道が明確であれば、迷うことなく自信を持って進めばいい。しかし、少しでも不

安があれば、信頼できるアドバイザーに助言を求める。障害
が生じた場合は、公平で自分の能力の範囲内のことを念頭に
置き、誠実に進む。この目標に向かって努力することは、た
とえそれが最終的につかみどころのないものであったとして
も、賞賛に値する。人生のあらゆる局面で理性を発揮する人
は、調和的で生産的、楽観的である。

13. 美徳の窃盗を暴く：行動は言葉よりも雄弁である方法

目が覚めたら、他人が公正に振る舞うことが自分にとっ
て本当に重要かどうか自問する。答えはノーだ。他人を褒め
たり批判したりするときに優越感に浸っている人は、プライ
ベートでも同じであることを忘れてはならない。彼らの行
動、彼らが何を目指しているのか、彼らがどのように言葉を
使って欺き、操っているのかを考えてみよう。彼らは手や足
では盗まないかもしれないが、忠誠心、慎み深さ、正直さ、
法の順守、満足した精神を生み出すことのできる、最も貴重
な財産で盗むのだ。

14. 従順な賢者自然の意志に満足を見出す

指示された謙虚な人は、万物の与え手であり奪い手であ
る自然に何の落ち度も見いださない。彼は彼女の意志に満足
して従い、「お望みのものをお与えください。彼はうぬぼれ
ることなく、その力に謙虚に敬意を払い、その恵みを感謝し
て受け入れる。

15. ありのままに生きる：自然を受け入れ、本当の自分を輝かせる

残された人生はわずかなのだから、それを大切にしなさ
い。政治的な共同体のように、世界中どこにいても、自然に
忠実に生きさえすれば、どこにいても構わないのだから。自
分自身であること、自然と調和して生きる本物の人間を他人

に認めさせること。庶民のように満たされない人生を送るよりはましだ。

16. 男であれ：良い男の資質を体現する

いい男が持つべき特徴を論じるのはやめて、それを体現することから始めよう。

17. 遠近法：現在という小さな粒が、時間と物質という広大さにどのようにフィットするか

常に時間と物質全体を考慮し、一つひとつの物事は全体の広大さに比べればほんの一片にすぎず、時間という観点から見れば、ドリルを素早く回すようなものであることを認識する。

18. 朽ちることの美：存在の不可避な変容を認識する

存在するものすべてを観察し、朽ち果て、分散し、あるいは自然に滅びる傾向にあるかのように、その必然的な腐敗と変容の状態を認識する。

19. 奴隷から権力へ：さまざまな文脈における男性の行動を検証し、その未来について考える

食事をしているとき、寝ているとき、セックスをしているとき、トイレに行っているときなど、男性がどのように振る舞うかを考えてみよう。威張っているときや自己中心的な態度をとっているとき、あるいは権力の座から怒ったり怒鳴ったりしているときの振る舞いと比べてみてほしい。彼らの多くが奴隷だったのは、それほど昔のことではない。彼らの将来がどうなるのか、少し想像してみよう。

20. 自然の完璧なタイミングすべての人に最善のものを提供する

普遍的な自然は、それぞれのものにとって良いものを提供する。これは自然が決めた適切な時期に起こる。

21. 雨に対する宇宙の自然な愛：私たち自身についての考察

　大地は雨を慕い、雄大な空も雨を慕う。宇宙には、存在すべきものは何でも創造しようとする自然な傾向がある。だから、私は宇宙に対して、あなたが愛するように私も愛すると表現する。さらに、ある種のものは生み出される傾向があると言えないだろうか？

22. 人生のシナリオを受け入れる：勇気と前向きさを見つける

　あなたはここに住み、そこに慣れたか、旅立つことを選んだか、あるいはこの世を去り、義務を果たしたかのいずれかである。これらのシナリオの先には何もない。だから、勇気を出して、前向きな姿勢を持ってください。

23. 土地の普遍的平等：プラトンからの洞察

　この土地は他の土地と何ら変わりはなく、ここにあるものはすべて、山の上や海辺にあるものと何ら変わりはないことを常に忘れないでほしい。プラトンが言ったように、都市の塀の中で暮らすことは、山の上の羊飼いの小屋にいることと何ら変わりはない。

24. 私の判断力の謎を解く：それは私の身体や社会的相互作用と同期して機能しているか？

　私の現在の判断力は何なのか？私はそれをどのように、何のために使っているのか？理解力に欠けていないか？社会的相互作用から切り離されていないか？私の肉体と融合し、一体となって機能しているだろうか？

25. 法則からの逃走恐怖、悲しみ、怒りの万能の支配者

　主人から逃げる者は家出人とみなされる。同様に、法を破る者も家出人である。なぜなら、法は究極の主人だからである。たとえ人が、起こったことやこれから起こるであろう

ことに対して動揺したり、怒ったり、心配したりしたとしても、それは万物の支配者である法によって定められたことであり、すべての人にとって何が適切であるかを決定しているからである。したがって、恐れ、悲しみ、怒りを経験する者は誰でも、暴走しているとみなされる。

26. 種から知覚への驚異の旅

人が自分の種を子宮に預けて離れると、別の原因がそれを引き継ぎ、働きかけて子供を作る。このような単純な始まりから、これほど素晴らしいものが生まれるとは驚きではないだろうか。子どもは食べ物を飲み込み、さらに別の原因がそれを知覚、動き、強さ、その他に変えていく。多くの多様なプロセスが働いていることを考えると、信じられないほどだ！このような謎めいた方法で発生し、生み出されるすべての物事について、時間をかけて考えてみよう。物事を上下に動かす力を、目で見ずともはっきりと見ることができるように、その背後にある力を観察してみよう。

27. 時間と歴史を通して現在のパターンを認識する

物事は、今そうであるように、以前もそうであったし、これからもそうであろうということを常に心に留めておくこと。自分の経験や歴史の記述から学んだような、さまざまなシナリオを視覚化する。ハドリアヌス帝、アントニヌス帝、フィリッポス帝、アレクサンドロス帝、クロイソス帝の宮廷のように、同じ基本構造を持つドラマや舞台全体を想像するのだ。これらはすべて、参加者は違えど、私たちが今日目撃しているようなものだった。

28. 合理的な選択なぜ人間だけが道を選べるのか

嘆きや不満を抱く者は皆、生け贄の豚のようなもので、蹴ったり叫んだりして抗議していると考えてほしい。同様に、ベッドに横たわりながら自分の境遇を黙って嘆く者も、この豚のようなものである。理性的な存在だけが自発的に自分の行動を選択できるが、それ以外の者は押し付けられた必然に従わなければならないということを認識することが重要である。

29．行動する前に考える：死の恐怖と喪失を問う

何か行動を起こす前に、死が本当に恐ろしいものなのか自問することだ。

30．内側に目を向ける：自己反省は、あなたが不快感を手放すのを助けることができる方法

誰かの過ちに腹を立てたら、すぐに内側に目を向け、自分も同じような過ちを犯しているかもしれないと考えてみよう。例えば、あなたは富や快楽、社会的地位が望ましいと信じているのかもしれない。これを反省することで、すぐに怒りを手放すことができる。さらに、その人が強迫観念から行動していたことを思い出せば、その人を許しやすくなります。もし、その強迫観念から相手を解放する力があれば、なおよい。

31．人類を煙として見る秩序ある人生を送る

ソクラテスのサテュロンを見たら、エウティケスかヒーメンを思い浮かべる。ユーフラテスを見れば、エウティキオンかシルヴァナスを思い浮かべる。アルシフロンを見れば、トロパエオフォロスを思い浮かべる。クセノフォンを見たら、クリートかセウェルスを思え。そして自分を見るときは、他のカエサルを思い浮かべるのだ。これを、あなたが出会うすべての人に当てはめるのだ。そして、こう考えてみてください：その人たちは今どこにいるのか？どこにもいな

い。誰も彼らの居場所を知らない。人間的なものは煙のようなものであり、無に等しいと考え続けることだ。

　自分の存在がいかに短いかを考えてみよう。整然とした生活を送ることで、それを最大限に活用してみてはどうだろう。あなたに欠けている機会や能力は何ですか？人生におけるすべてのことは、あなたの頭の体操なのだ。その性質を注意深く研究し、人生で起こるすべてのことを検証する。丈夫な胃袋があらゆる栄養を取り込み、燃え盛る炎が投げ込まれたものすべてから輝きを放つように、自分の経験を自分のものにするまでそれを続けなさい。

32. 誠実さの超能力を解き放つ：あなたの誠実さと善良さを疑う人がいなくなる方法

　あなたが誠実でないとか、善良でないとか、そんなことは誰にも言えないようにするのだ。そうでないと考える人は誰でも間違っていると証明させればいい。あなたが善良で正直な人間であることを、誰が止めることができようか？そのような人間になれない限り、生き続けることはないと決心してください。そうでなければ生き続けることはできないと、理性は命じる。

33. 障害を克服し、理性に従って生きる喜びを見出す方法

　自分の人生など物質的なことに関して、どうすれば理性に従って行動できるだろうか？それが何であろうと、あなたにはそれを実行したり言ったりする力がある。人間の本性に適合したことをすることが、快楽を求める人々にとって贅沢が快楽であるのと同じように、あなたにとって快楽であるような心の状態になるまで、あなたは嘆くことをやめないだろう。人間である以上、自分の力の及ぶ範囲で、自分の本性に沿ったことをすることに喜びを見出すべきである。幸いなことに、これはどんな状況でも可能なことだ。自然や不合理な

魂が、円柱や水や火といった物体の動きを阻害することはあっても、あなたの知性と理性は、あなたが遭遇するどんな障害も克服することができる。火が上へ、石が下へ、円柱が傾斜面を転がるのをイメージするのと同じように、このことをはっきりと想像するのだ。これ以上の解決策を求めてはならない。他の障害は、死んだものであるあなたの肉体に影響を与えるだけかもしれないし、あなたがそれを許せば、あなたの理性を押しつぶすだけかもしれない。これらの障害が本当にあなたに害を与える唯一の方法は、あなたを悪人にした場合であるが、あなたには障害を通してより良くなること、より賞賛に値するようになることを選択する力がある。最後に、国家に害を与えない限り、真の市民を害することはできず、法に害を与えない限り、国家を害することはできないということを忘れてはならない。したがって、いかなる不幸も法を害することはできず、その結果、国や市民を害することもできない。

34. 人生のはかなさ：恐れや悲しみなしに生きるためのシンプルな戒め

真の原則を理解している者にとっては、悲しみや恐れから解放されるためのこのシンプルな注意書きのように、短い指示でも十分なのだ：

「風に散る木の葉のように、

人類も同じだ。

葉はあなたの子供のようなものであり、あなたを賞賛したり批判したり、後世にあなたの名声を広めたりする人のようなものだ。詩人が言うように、季節の移り変わりとともにやってきては去っていく。すべてのものははかないものなのに、あなたは永遠に続くかのように追い求める。しかし、ほんのわずかの間に、あなたは目を閉じ、誰かがあなたの死を悼むだろう。

35. 健康的なマインドセット自画自賛を超え、すべての感覚を受け入れる

　人間の目は、緑色などの特定の色を欲することなく、目に見えるものすべてを見ることができるはずである。同様に、健康な聴覚と嗅覚は、聞こえるもの、嗅げるものすべてを知覚できるはずである。健康な胃は、すべての食物を粉砕するための粉砕機のように扱うべきである。最後に、健康な理解力は、あらゆる状況に対処できるように備わっていなければならない。しかし、「愛する人を生かし、自分の行動に関係なく皆に褒めてもらおう」という考え方は、緑色のものを探す目や柔らかいものを求める歯に等しい。

36. 旅立ちに平和を見出す：人生の過酷な教師から解放されることを受け入れる

　自分の死が間近に迫っていることを喜ぶ人が、自分の死に立ち会うことを免れる人はいない。たとえ死にゆく人が善良で賢明であったとしても、"この厳しい先生から解放されて、やっと自由に息ができる "と思う人はいるだろう。その人は誰に対しても厳しくなかったかもしれないが、善良な人によくあるように、微妙に非難していたかもしれない。私たち自身の死に関して言えば、人々が私たちから解放されたいと思う理由は他にも数え切れないほどある。私たちがこの世を去るとき、親しい人たちでさえ、おそらくは私利私欲のために、私たちが去ることを密かに望んでいるかもしれない世界を去るのだということを考えて、この認識を持つべきである。そう考えれば、必要以上に人生にしがみつく理由はない。

　しかし、他人を恨んで去ってはならない。むしろ、友情、博愛、温和といった自分自身の性格を保ちながら、優しさを持って旅立つべきなのだ。他者との別れは、静かな死の

ように安らかであるべきだ。自然な死で魂が肉体から簡単に離れるように、私たちもかつて結ばれていた人たちから自然に離れるべきなのだ。この別れは、強制的なものではなく、自然に従った平和的なものであるべきだ。

37. 自己点検の極意：他者の目的を理解する鍵

誰かが何かをするたびに、"この人の目的は何だろう？"と常に自問する習慣をつけよう。ただし、その前にまず自分に目を向け、自己点検を行うこと。

38. 内なる力の秘宝説得、人生、人間の本質

真の力は、内に秘められたもの、すなわち説得力、生命の本質、人間の定義そのものにあることを常に心に留めておくこと。内観するときは、自分を包む器やそれに付属する道具を含めてはならない。これらは斧に匹敵するものであり、身体に付着していることでのみ区別される。織物の杼（ひ）や作家のペン、運転手の鞭のように、これらの部品はそれぞれの力によって動かされ、制御されなければ何の役にも立たない。

BOOK 11

- 自分探しの旅

今すぐ行動し、周囲の人々に親切を示しなさい。この世界の芸術に感謝し、自然の法則と原理を理解して、自分の目的を果たしなさい。人生を最大限に生き、知識と経験のバランスを見つける。隣人とのつながりを取り戻し、自分にも他人にも誠実であれ。ユニークであること、そして喜びをもたらすことをすること。怒りや悲しみのような感情を必要なときには受け入れ、思考が迷走したときにはそれを調整する。宇宙の秩序に従い、共通の目標に向かって協力しなさい。恐怖に立ち向かい、過去の偉大な人々を思い出せ。天を仰ぎ、賢く明瞭な言動を心がけなさい。毎日新しいことを学び、謙虚に、自分自身に忍耐強くあれ。最後に、人生とは変容と進歩の繰り返しであり、本当になくなるものなどないことを受け入れなさい。

1. 理性的な魂：内省、充足感、そして宇宙への抱擁

理性的な魂は、内省し、反省し、思いのままに自己を形成することができ、自らの労働の果実を享受する。ダンスや芝居のように、上演が途中で終わると不完全なものに感じられるのとは違い、魂はその存在のあらゆる断片において、充足と完全性を達成することができる。魂は、"私は私のものを持っている "と宣言することができる。さらに、魂は宇宙のあらゆる領域に広がり、広大な虚空を調査し、その構造を把握し、すべてのものの循環的な再生を受け入れる。先人たちもそうであったように、私たちの後に来る者たちも、目新しいものに遭遇することはない。実際、40歳の人間は、認知能力があれば、すでに過去に存在したすべてのものを見ている。隣人への愛、正直さ、謙虚さ、自分以上のものを評価しないことも、この理性的な魂の本質的な特徴である。このようなものは法の基礎であり、この道徳的感覚は正義の感覚とほとんど変わらない。

2.　切り捨てる力：なぜ人生の構成要素を分解することが徳性を達成する鍵なのか？

　声のメロディーをそれぞれの音に分解し、それぞれに魅了されているかどうか自問すれば、心地よい曲やダンス、体力勝負に大きな価値を抱くことはないだろう。恥ずかしくてそれを認めることはできないだろうが、ダンスやパンクラティウムのあらゆる動きやポーズについても同じことをする必要がある。徳のある行いや属性は別として、それ以外のものは常に構成要素に分解し、価値を下げること。この原則をあなたの人生全体の基準にしなさい。

3.　超越を受け入れる：頑固にならずに準備する技術

　本当に立派な魂とは、肉体が存在しなくなろうが、消え去ろうが、別の領域で存続しようが、いつでも肉体から切り離される覚悟ができているものである。しかし、この覚悟はキリスト教徒とは異なり、頑固さではなく、個人的な確信からくるものであるべきだ。劇的な演出に頼ることなく、慎重で、威厳があり、説得力のあるものでなければならない。

4.　大いなる善に貢献することにやりがいを見出す

　私は大いなる利益に貢献しただろうか？もしそうなら、私は報いを受けたことになる。この思いを常に頭の片隅に置いて、絶えることなく善を行ない続けよう。

5.　ヴァーチュス・クラフトを解き明かす：普遍的かつ人間的な進化に不可欠な原理を探る

　あなたの技術とは？高潔であること。宇宙の本質や人間の理想的な構造など、基本的な原理を抜きにして、どうやってこれを達成できるのでしょうか？

6.　悲劇の追憶：人生の自然な出来事を受け入れる演劇の力

　当初、悲劇が舞台で上演されたのは、自然な出来事の発生と、それをありのままに受け入れることが不可欠であることを人々に思い出させるためだった。舞台で描かれることに喜びを見出すのであれば、現実に起こることに狼狽える必要はない。ある出来事は起こるべくして起こり、「シタエロンよ」と抗議の声を上げる個人はそれに耐えなければならないことは明らかだ。ドラマチックな作家たちは、"神々が私や私の子供たちをないがしろにするなら、その裏には理由がある　"といった注目すべき声明を発表している。さらに、"起こることを受け入れることを学ばなければならない"、"麦畑のように人生の実りを刈り取らなければならない"。

　悲劇に続いて、喜劇が導入された。喜劇は平易な語り口で、その結果、不埒な行為に手を染めないよう、人々に注意を喚起するのに役立った。ディオゲネス自身もそのような作家から学ぼうとした。中間の喜劇については、その役割を観察するためのものであり、新たな喜劇の導入につながった。このような作家の中にも貴重な指摘があることは知られてい

るが、そのような詩や演劇の目的全体について問う必要があ
る。

7.　哲学するための完璧な人生の条件 - 今、あなたのもの！

　今、自分が置かれている状況ほど、哲学するのに適した
生活環境はない。

**8.　憎しみの代償：社会からいかに切り離されるか、そして社会システ
　　ムの枝に再び加わるための闘い**

　ある枝が他の枝から切り離されると、その枝は必然的に
木全体から切り離される。他人から切り離された人も同じ
で、社会全体から切り離される。枝は誰かによって切り落と
されるかもしれないが、人は自分の行動によって、つまり憎
しみを抱き、彼らから目を背けることによって、隣人から自
分を切り離す。そうすることで、社会システム全体から自分
自身を切り離すことになるのだ。しかし、社会を創造したゼ
ウスは、その中で自分の居場所を取り戻し、全体の積極的な
一部となる特権を私たちに与えてくれている。
　しかし、度重なる分離は、一度分断されたものを再び結
びつけ、修復することを困難にする。最後に、最初から樹と
ともに成長し、樹の芯の一部であり続ける枝と、一度切り離
され、後に再びくっついた枝とは根本的に異なる。後者は木
と一緒に成長しているように見えるかもしれないが、庭師が
言うように、同じように木と一体化しているわけではない。

9.　理性と思いやりのバランス術：使命に向かって障害を乗り越える

　正しい道理を追求するとき、あなたの行く手を阻む者
が、あなたの使命を阻むことを許してはならない。また、毅
然としていながらも、彼らに対する思いやりを奪われてはな
らない。あなたの揺るぎない判断と行動だけでなく、あなた
を妨害しようとする者、邪魔しようとする者に対する優しさ

においても、その両方に留意し続けなさい。自分の目的から外れて恐れに屈するのと同じように、彼らに対してキレることもまた弱さである。どちらの場合も、あなたは自分の持ち場を離れることになる。それが恐怖のためであれ、本来は親類であり友人である人からの疎外感のためであれ。

10. 模倣の芸術：なぜ自然こそが真の傑作なのか

　芸術は自然が本来持っている特質を模倣しているに過ぎないからだ。実際、芸術が自然を模倣するものであるならば、自然は最も完全で包括的なインスピレーションの源でなければならない。また、自然は芸術と同じレベルの洗練と熟練を達成することができるはずだ。あらゆる芸術形態はより大きな目的を果たすものであり、自然も例外ではない。実際、正義の概念はここから生まれた。他のすべての美徳は正義から生じている。したがって、正義を守りたいのであれば、取るに足らないことに集中したり、無謀で一貫性のない行動に走ったりしないよう、私たちは精進しなければならない。

11. 判断を解き放ち、望みを引き寄せる：穏やかなエネルギーの力

　あなたが望むものがあなたの前に現れなければ、その追求や回避があなたを悩ませても、あなたはまだそれらに向かってエネルギーを発揮している。そのため、これらの物事についてあなたが持っているかもしれない判断を脇に置いてください。あなたはもはや、それらを積極的に追い求めたり避けたりしているとは思われなくなる。

12. 照らす光：無傷の魂の球形の真実を解き明かす

　魂の球形は、手を伸ばしたり、引っ込めたり、散らばったり、倒れたりしていないときはそのままで、その代わり

に、万物の真実と自分自身に内在する真実の両方を知覚できるようにする照明の光に照らされている。

13. 軽蔑の上に立ち上がる：優しさと博愛という高貴な性格

　私を軽蔑する者がいれば、そうさせればいい。私の関心は、軽蔑や非難に値するような言動をしないようにすることだ。私に憎しみを抱く者がいたとしても、私は誰に対しても親切と博愛をもって接することを承知しておいてほしい。さらに、偉大なフォクシオンがそうであったように（もちろん、彼がフリをしていたのでなければ）、私は非難や自己顕示をすることなく、彼の過ちを理解する手助けをする。自分の性格が、神々にさえ不満や不平がないと見られるようなものであることが肝要である。結局のところ、人間として共通の利益のために自分の役割を果たすことを意図しているのだから、自分の性質に最適なことをし、宇宙にとって現在適切なことに満足しているのであれば、何の害があるのだろうか？

14. 昇格と提出：人間関係の複雑な力学

　人間は互いを軽んじ、また補い合うものであり、自分を高めたい、あるいは他者に従わせたいと願うものである。

15. 宣言の欺瞞言葉だけでは判断できない理由

　"私はあなたを公平に扱うつもりです！"と宣言する人は、なんと不誠実で不誠実なのだろう。なぜわざわざそんなことを言うのだ？行動は言葉よりも雄弁であり、その意図はやがて明らかになる。人の性格は額に刻まれるべきであり、その目はすぐにそれを明らかにする。同様に、愛する人はその目から恋人の心を読み取ることができる。誠実さと善良さは強い香りを放ち、傍観者なら誰でも、楽しいか不快かにかかわらず、近づいた瞬間にそれを察知することができる。しかし、単純さは曲がった棒のようなもので、避けるべき気取りである。偽りの、あるいは狼のような友情ほど不名誉なものはない。何よりもこれに気をつけなさい。善良で、素朴で、心優しい人は、目を通してその資質を示しており、それを見誤ることはない。狼のような友情」とは、狼と羊の寓話を指している。

16. 内なる力無関心と自己判断を通して最高の人生を送る方法

最高の人生を送るために、その力は私たちの魂の中にある。それ自体無関心である物事に対して無関心であり続ければ、私たちはこの力を手に入れることができる。私たちは、これらの物事を別々に、また一緒に見ることによって、この力を手に入れることができる。このような判断を作り出すのは私たち自身であり、私たち自身がそれを書くのだが、私たちにはそうしない力がある。あるいは、誤った判断が私たちの心に入り込んでいるのであれば、それを消すこともできる。この無関心への注意は束の間であり、人生は終わるということを思い起こすことが肝要である。さらに言えば、そうすることに何の問題もない。自然に従っていることについては、それを喜びなさい。反対に、そうでない場合は、たとえそれが名声をもたらさないとしても、自分の本性に合ったものを求め、そのために努力しなさい。人は誰でも、自分の善を追求する権利を持っている。

17. エレメンタル・ジャーニー万物の起源と変容を探る

あらゆるものの起源、構成、変化、最終的な形を考える。加えて、その過程で破損しないことを認識すること。

18. 怒りに支配される前に、怒りに打ち勝つための**9**つのマインドセット・シフト

　誰かがあなたを怒らせたとき、次のことを考える。まず、人間としての私たちの関係を振り返り、私たちがどのように相互に結びついて創造されたかを考える。しかし、雄羊が群れを率いているように、雄牛が群れを率いているように、私が彼らを率いるように意図されていたことも思い出してほしい。さらに、もし万物が単なる原子でないなら、自然はすべてを命令し、劣ったものは優れたものの利益のために存在し、それらはひいては互いのために存在するのだと考えてほしい。

　第二に、あなたを怒らせた人がどのような人たちなのか、また、彼らが食卓やベッドでどのように振る舞っているのかを調べる。彼らの行動に影響を与えている態度を考えてみよう。もし誰かが不適切な行動をとったとしても、それがあなたの邪魔にならないようにしてください。怒りで相手の行動を変えることはできません。むしろ、平和的な態度でその状況に対処しましょう。

　第三に、誰かが正しい行動をとった場合、その人に腹を立ててはいけないと考えること。不当な行動をとった場合は、おそらく問題の真相を理解しておらず、無知で行動しているのだと理解すること。自分とは何の関係もないのだから、相手の過ちを個人的に受け止めてはならない。

　第四に、謙虚であること、そして誰にでも過ちはあることを忘れないこと。たとえあなたがある種の過ちを避けていたとしても、あなたには過ちを犯す性質がある。共感的であり、他人が犯した過ちに対して厳しく裁かないこと。

　第五に、他人がどのような状況下で行動したかを自分が完全に理解していない可能性があることを肝に銘じておくこ

と。他人の行動に判断を下す前に、多くのことを学んでおくとよいだろう。

　第六に、怒りに駆られているときは、この世での時間はほんの一瞬に過ぎず、物事の大局から見ればどうでもいいことだということを思い出してほしい。

　第七に、人々の行動はあなたの邪魔をするものではないことを理解すること。むしろ、その人の行動に対するあなたの意見があなたを悩ませているのだ。他人の行動をコントロールすることはできないが、それに対する自分の考えや反応はコントロールできる。

　第8に、誰かの行動によって引き起こされる怒りやフラストレーションは、その行動そのものよりも大きな痛みを引き起こすことを理解する。

　第九に、本物の優しさは、どんなに乱暴な相手にも無敵である。誰かがあなたを傷つけようとしたら、親切にし、なぜ彼らの行為が正しくないのかを説明する。怒りやわだかまりを抱くことなく、相手によりよい道を示すために。

　この9つのルールを覚えておけば、人として進化し始めるだろう。他人に対するお世辞や怒りは、どちらも有害なので避けるべきだ。激情に駆られるのは男らしくないが、温和で優しいのは自然で男らしいと心得よ。優しさと親切さを持つ人は、怒りや不満に身を任せる人よりも強さと勇気がある。最後に、完璧な人間などいないのだから、悪人が悪事を働かないことを期待するのは愚かなことだ。しかし、他人を不当に扱う者に自分を粗末に扱わないよう求めるのは、無理な要求ではない。

19. 劣等な自分に打ち勝つ：優秀な教員の4大欠点を克服する

　魂には4つの重大な欠点があり、それに対して常に警戒しなければならない。それらを発見したら、排除し、この言葉で自分に言い聞かせなければならない：この考えは不必要であり、社会の調和を破壊する。この考えは、私の純粋な考えから出たものではない。そして最後に、何かで自分を責めるなら、それは自分の神聖な部分が、自分の中の名誉のない、はかない部分、つまり肉体とその卑しい快楽に負けている証拠である。

20. 本性への反抗：正義と満足を求める知的部分の闘い

汝の知性的な側面は、その位置に不服従で不満な唯一の部分である。一方、汝の空中的で炎のような部分は、その自然な上昇傾向があっても、圧倒され、肉体の複合的な塊の中に留まっている。同様に、汝の土の部分と水の部分は、その自然な傾向として下降するものであるが、彼ら自身のものではない位置へと高められている。このように、元素の部分はすべて宇宙に従順であり、いったんどこかの場所に固定されると、宇宙が解散の合図を出すまでそこにとどまる。それなのに、あなたの知性的な側面だけが従わず、不満を示すのは奇妙なことです。なぜなら、知性的な側面は、その性質に合致したものだけに服従し、それでもなお抵抗し、反対の方向に動くからです。不正、不摂生、怒り、悲しみ、恐れへの傾きは、自然から逸脱した者の行動にすぎない。

さらに、統治能力は、正義のためだけでなく、神々への尊敬と崇拝のためにも設計されているため、何らかの出来事に不満を抱くとき、その役割を放棄する。これらの徳は、物事の状態に満足するという一般的なカテゴリーにも含まれ、現実には、正義の行為に先立つものである。

21. 一貫性のある団結した生き方のための、目的を持った目標の力

人生に一貫した目標がない人は、人生に一貫性を得ることはできない。しかし、目標を持つだけでは十分ではない。正しいタイプの目標を持つことが重要なのだ。多数派が良い

と考えるものすべてが等しく評価されるわけではなく、社会や政治に影響を与えるような特定のものだけが評価される。したがって、私たちはすべての努力を方向づける共通の社会的・政治的目標を設定すべきである。そうすることで、私たちは一貫して統一されたやり方で行動し、自分自身に忠実であり続けることができる。

22. 二匹のネズミの物語：対照的なライフスタイルと都市不安の研究

田舎に住むネズミと都会に住むネズミの対照的なライフスタイルや、都会に住むネズミが経験する恐怖や不安について考えてみよう。

23. ラミアエソクラテスの案山子と集団的意見の力

ソクラテスは、集団的な意見を「ラミアエ」、つまり若い心を怖がらせるための案山子と呼んだ。

24. 見知らぬ人に日陰を：ラケサエモン人のもてなしの伝統

ラケサエモニア人は、公的な行事で見知らぬ人々に日陰の席を提供し、自分たちは好きな場所に座っていた。

25. 語られざるプライドソクラテスの好意の拒絶

ソクラテスはペルディッカスに会えなかったことを詫び、究極の屈辱を味わいたくなかったと説明した。言い換えれば、彼は好意を受け入れた後、自分がそれに応えることができないと知りたくなかった。

26. 過去の美徳の復活：なぜエペソの男性について考えることが鍵なのか

エペソの信徒への手紙には、かつての徳の高い人たちのことを常に考えることの重要性が書かれている。この戒律は、このような人たちの行動や性格を振り返ることを勧めている。

27. 日々の天からのインスピレーション朝の空を眺めるピタゴラスの儀
式

　ピタゴラス人は、毎朝天を眺めることを私たちに思い出
させる。これは、一貫して同じように仕事をこなし、すべて
を純粋にさらけ出したままの天体を思い起こすのに役立つ。
星はどんなベールにも覆われていないことは注目に値する。

28. ソクラテスの型破りな知恵：動物に隠された謙虚さ

　妻クサンティッペに外套を剥ぎ取られ、動物の皮を身に
まとったソクラテスがどれほど注目に値する人物であったか
を考えてみよう。また、この型破りな服装で彼を見たとき、
恥ずかしさのあまり尻込みした友人たちへの彼の言葉を考え
てみましょう。

29. 自己規律をマスターする：執筆と人生における効果的なルール設定
の鍵

　文章を書いたり本を読んだりする際に、他人のためにル
ールを設ける前に、まず自分自身がルールを守ることを学ば
なければならない。これは人生においてさらに重要なこと
だ。

30. 奴隷制に黙らされて言論の自由を求める闘い

　言論の自由はあなたにはない。

31. 心からの笑いオデュッセイアからの引用

　彼は言った。
　オデュッセイア』IX.413.

32. 賛否両論ある美徳批判：なぜある人々は美徳を呪うのか？

　彼らは美徳を呪い、それを酷評する。

33. 理不尽な追求：許される範囲を超えたイチジクと迷子の捜索

冬にイチジクを探すのは狂気の行為とみなされる。同様に、許されなくなったときに子供を探す人も同様に不合理である（エピクテトス, III. 24, 87）。

34. 内省の瞬間：死を受け入れるエピクテトスの意外な哲学

エピクテトスは、男が我が子にキスをするとき、自分の死期を振り返り、"明日はもう生きていないかもしれない　"と心の中で呟くべきだと提案している。しかし、これを否定的な考えと捉える人もいるかもしれない。エピクテトスはこれに同意せず、自然現象を表す言葉であれば、本質的に否定的な言葉はないと述べている。たとえば、とうもろこしの穂が収穫されるといえば、同様に "悪い前兆 "とみなすことができる。

35. ブドウのメタモルフォーゼ：青春からレーズンへ

若いブドウも、完全に成長した房も、レーズンも、無の状態ではなく、まだ実現されていない新しい存在へと変貌を遂げる。

36. アンブレイカブルエピクテトスによる選択の力

エピクテトスが著作の中で述べているように、私たちは誰にも選択の自由を奪われることはない。

37. アセントをマスターする技術：エピクテトスの行動と回避に関する時代を超越した助言

エピクテトスは、人間は同意を与える技術を習得し、自分の行動が状況に適しているか、社会規範に合致しているかを確認しながら慎重に行動しなければならないと忠告した。また、手元にある物の価値も考慮すべきである。さらに、官能的な欲望に身を任せることは絶対に避けなければならない。嫌悪に関しては、自分の手に負えないものに対してそれを表現することは避けなければならない。

38. 現在の意見の相違の根底にある狂気：専門家の意見

彼によれば、今回の意見の相違は通常の問題ではなく、誰かが心神喪失者であるかどうかが問題なのだという。

39. 健全で理性的な魂の終わりなき探求：ソクラテスの対立と紛争への問いかけ

ソクラテスはかつて、「あなたは理性的な人間の魂と非理性的な人間の魂のどちらを望むのか」と尋ねた。それに対してソクラテスは、"理性的な人間の魂を　"と答えた。ソクラテスはさらにこう尋ねた。"理性的な人間が健全であるか、それとも不健全であるか、どちらを望むか"。答えは　"健全　"であった。ソクラテスは、"これらの魂がすでにあなたの手中にあるのなら、なぜあなたはまだ対立や論争を続けるのですか？"と尋ねた。

BOOK 12

- 人生を受け入れ、バランスを見つける

人生は短く、予測不可能だから、良いことに感謝し、大切なことに集中する時間を取ることが大切だ。高みを目指し、正直であり、他人に支配されないことだ。死は確実なものなので、人生を最大限に活用し、どんなことがあっても幸せを見つけるべきです。バランスと正義を受け入れ、日々の生活の中に神々がいることを忘れてはならない。すべてはひとつであり、それは視点の問題なのだ。人生は短いのだから、それを楽しみ、自分の真の目的を自問し、善のために行動することを忘れてはならない。

1. あなたの真の可能性を解き放つ：敬虔さと正義で願望を実現する方法

自分自身を否定しなければ、直道を歩むことで望むものをすべて手に入れることができる。これは、過去を見過ごし、未来のために摂理を信頼する一方で、現在において信心と正義を実践することを意味する。自然があなたのために作り、あなたがそのために作ったのだから。正義を実践するに

は、常に真実を語り、各状況の価値を反映する法律に従いなさい。誰の邪悪な行為、意見、言葉、身体的感覚にも落胆させられてはならない。人生の終わりに近づくにつれ、自分の統治能力と内なる神性にのみ集中しなさい。生命そのものの停止を恐れるのではなく、むしろ、真に自然に従って生きたことがないことを恐れなさい。そうすることで、自分を生んでくれた宇宙にふさわしい個人となり、もはや自分の家で他人のように感じたり、日常の出来事に驚いたりすることはなくなる。また、あれこれ依存することから解放される。

2. 解放を解き放つ：神に従って真の知的自己を受け入れる

神は、肉体や不純物を取り除いたすべての個人の真の統治原理を知覚する。彼は自分自身に由来し、人間の姿を活気づける知性にのみ焦点を当てる。このアプローチに従うことで、多くの重荷から自分を解放することができる。肉体の存在を重要視しなければ、衣服、住居、名声といった外的要因に煩わされることもない。

3. 執着を取り去る：純粋で自由に生きるためのガイド

あなたは3つのものでできている：小さな体、小さな息（生命）、そして知性。最初の2つはあなたが責任をもって面倒を見るべきものだが、3つ目は本当にあなたのものだ。従って、純粋で自由な人生を送るためには、他人の言動や自分の言動、将来のトラブル、自分の身体や人生に執着しているものなど、自分のコントロールの及ばないものに対する理解から自分を切り離すことだ。これらの執着を取り去ることで、運命の気まぐれから解放され、真に正当に生き、真実を見出すことができる。そのためには、現在だけを生き、エンペドクレスの球体のように、すべてを包み込み、安らかであるように努めなさい。そうすれば、残りの人生を気高く、自分の内なる神に従順に、邪魔されることなく生きることができるだろう。

4. 自己愛と自己評価のパラドックス：なぜ私たちは他人の意見を重視するのか？

なぜ人は誰よりも自分自身を愛しながら、他人の視点よりも自分自身の評価を重視しないのか、私はよく考えてきた。もし神や学識ある指導者が現れて、自分の考えやアイデアをすべて表現するように指示したとしたら、その人は1日たりともそれを処理できないだろう。このことは、私たちが自己評価よりも他者からの評価をいかに重視しているかを示している。

5. 美徳のパラドックス：なぜ神々は最も敬虔な信者を見捨てるのか？

人類のために世界を慈愛に満ちたものにしてきた神々が、敬虔な行為や宗教的修行を通じて神と最も密接な関係を築いてきた一部の高潔な人々が、死後は完全に消滅しなければならないという事実を、どうして無視したのだろうか？

しかし、もし本当にそうであるなら、神々はそれが公正で自然なものであれば、別の方法でアレンジしたことだろう。そうではないのだから、このようなことはあってはならないことなのだ。この問題で神々に疑問を呈するのはおこがましいことであり、神々が完全に公正で優れた方でない限り、神々と論争しようなどとは思わないはずだ。もしそうであるならば、彼らは宇宙を創造する際に合理的かつ公正に行動したはずであり、理由なく何かをないがしろにすることは決してなかったはずである。

6. 秘められた可能性を解き放つ：克服不可能なことを実践する力を受け入れよう

　できないと思うことでも練習する。例えば、利き手でない方の手は、練習不足のためにほとんどの動作に使えないかもしれないが、練習していれば利き手よりも強くブライドルを握ることができる。

7. マインドフルな思索：人生のはかなさを受け入れ、死の到来に備える

　死が訪れるとき、人が肉体的にも精神的にもどのような状態であるべきか考えてみよう。人生のはかなさ、過ぎ去った時間とこれから訪れる時間の果てしない広がり、そして肉体的なすべてのもののもろさを実感するのだ。

8. 本質を解き明かす：内省と自己認識の力

　外皮を剥ぎ取った物事の根本原理に思いを馳せる。行動の背後にある意図や、苦痛、快楽、死、名声の本質について考える。自分の不満の根本原因を特定し、他の誰も自分の進歩を妨げることはできないことを認識する。すべては主観的なものであり、意見によって形作られることを忘れるな。

9. パンクラチスト対グラディエーター成功への原則の適用

　自分の原則を適用するときは、グラディエーターではなく、パンクラチストのように行動すべきだ。剣闘士は剣を捨てると敗北に弱くなるが、パンクラチストは常に手の準備ができている。必要なのは、剣を効果的に使うことだけだ。

10. 本質の発見物質、形、目的を解体する

　物事を物質、形態、目的に分解して本質を見る。

11. 力ある男の真の尺度神を喜ばせ、神の意志を受け入れる

　力ある者は、神に喜ばれること以外は何もせず、神が与えてくださるものをすべて受け入れなければならない。

12. 非難を越えて自然の摂理を理解する

　自然に従って物事が起こるとき、私たちは神々を責めるべきではない。なぜなら、神々は意図的に、あるいは偶然に間違った行動をとることはないからだ。同様に、人が意図せずに間違った行動をとらない限り、人を責めるべきではない。結局のところ、このような状況では誰も責めるべき人はいないのである。

13. 現実を知る：人生の紆余曲折に驚いてはいけない理由

　人生の予測不可能な出来事に驚いている人を、"ばかばかしくて、要領が悪い"と表現する。

14. 運命に立ち向かう：摂理と混沌の可能性をナビゲートする

　致命的な必然が存在するのか、親切な摂理が我々の運命を監督しているのか、それとも何の目的も導きもなくただ混沌としているのか。もし不滅の必然が存在するのが本当なら、わざわざそれに抵抗する必要はないだろう。しかし、もし鎮めることのできる摂理があるのなら、神の介入に値するよう努力すればいい。しかし、もし何の支配力もなくただ混乱があるだけなら、乱気流の中で自分が支配する知性を持っていることを知って慰めればいい。たとえ嵐があなたの肉体と呼吸を奪ったとしても、満足しなさい。

15. ランプと魂：その光は続くか？

　ランプの光は、消えるまで汚れることなく輝き続けるだろうか？同じように、あなたの中にある真実、正義、節制は、あなたの死が訪れる前に消えてしまうのだろうか？

16. 不正行為の解読：羞恥心と怒りに直面したモラルのジレンマをナビゲートする

　ある人が何か悪いことをしたように見えるとき、その行為が本当に悪いことなのかどうか、どうやって判断すればいいのだろう？また、仮に彼が不適切な行動をとったとしても、彼がすでに自分自身を非難していないと、どうやって確信できるのだろうか？彼自身の行為によって、すでに恥をさらしているようなものだ。考えてみてほしい。悪い人が悪いことをしないようにと願う人は、イチジクの木が果汁を出さないように、幼児が泣かないように、馬が嘶かないようにと願う人と同じで、これらのことは避けられない。では、このような性格の人をどうすればいいのだろうか？もし自分が怒りやすいと感じたら、他人の行動を変えようとするのではなく、自分の気質を正すことに集中しよう。

17. あなたの行動を導く真実と道徳に基づいて行動する力

　間違っているなら、それをするな。真実でないなら、それを言うな。あなたの行動をこの原則に導こう…。

18. 外見を壊す：なぜ起源を知ることが理解の鍵なのか

　常に、その物があなたにもたらす外観の起源に注意を払い、それを形、実質、目的、期間に分解する。

19. 内なる神性を解き放つ：エピクテトスと感情を克服する

　自分の中に、さまざまな感情を引き起こし、自分を支配しているように見える要因よりも優れ、神々しいものがあることに気づこう。現在、あなたの思考を占めているものは何か考えてみてほしい。それは恐れなのか、疑いなのか、欲望なのか、それとも他の似たような感情なのか？

20. マインドフルな行動：校正と編集を通してより大きな社会的目標に
貢献する

　まず、性急な行動や軽率な行動は避け、常に明確な目的
を持って行動すること。さらに、自分の行動が社会全体にと
ってプラスになることだけに向けられたものであることを確
認する。

21. 私たちの無意味さを受け入れる生命と進化の永遠のサイクル

　これを読みながら、まもなくあなたは取るに足らない存
在になり、あなたの周りのものはすべて存在しなくなること
を思い出してほしい。これには、あなたが今見ているもの
や、あなたと一緒に生きている人々も含まれる。それは、自
然がすべてのものを進化させ、終わりを迎え、新しいものや
生命が絶え間なく循環するように設計しているからだ。

22. 主観的コントロールの穏やかな湾で平和を見出す：平穏と安定のた
めに意見を手放す

　すべては主観的なものであり、あなたがコントロールで
きる範囲にあることを忘れないでください。自分の意見を手
放すことを選べば、平和、安定、平穏が得られる。岬を回り
込んで、静かで穏やかな湾を見つけた船乗りのように。不必
要な考えを排除すれば、バランス感覚を見つけることができ
る。

23. 人生の自然な終わりを受け入れる：ユニバーサルへの前向きでタイ
ムリーな移行

　どのような活動であれ、その性質にかかわらず、適切な
時期に終了すれば害を被ることはない。同様に、その行為を
行った人も、その行為が終了したため、何ら損害を被ること
はない。同じように、私たちの人生全体、つまり私たちのす
べての行いと行為からなる人生全体も、適切な時に終われば

何の損害も受けないのである。さらに、この一連の行為を適切なタイミングで終えた個人は、不当に扱われることもない。

　自然は適切な時間と制限を定めており、それは老年期の人間の明確な性質である場合もあれば、常に宇宙が常緑で完璧であり続けるように、宇宙の部分の変化を担う普遍的な性質である場合もある。そして、宇宙にとって有益と見なされるものは、常に理想的でタイムリーである。その結果、人生の終わりは誰にとっても決して悪ではない。それどころか、それは時宜を得ており、有益であり、普遍的なものと一致しているため、肯定的な出来事なのである。その結果、人が神と同じ方向、同じ理由で動くとき、その人もまた神によって動かされるのである。

24. 誇り高き存在のための3つの原則：正義、マインドフルネス、パースペクティブ

　常に3つの原則を守らなければならない：行動するときは、考えなしに何もせず、常に正当に行動すること。外的状況に直面したときは、それが偶然の結果か摂理の結果かのどちらかであることを理解し、そのどちらかを非難したり非難したりしないこと。第二に、生きとし生けるものの種から魂を授かる瞬間まで、そして魂を授かった瞬間からこの世を去る瞬間まで、その成り立ちを熟考すること。あらゆる存在を構成する要素を分析し、最終的に分解する。第三に、もしあなたが突然、地球の上空に昇り、人間の問題を観察し、周囲の空気とエーテルの広大さを眺めたとしたら、あなたはいつも同じものを見るだろう-形式的な類似性と短い存在。そんなことを自慢する理由があるだろうか？

25. 意見から自由になり、真の救いを体験する：あなたを阻む障壁を乗り越える

意見を捨てれば救われる。では、意見を捨てられないのはなぜか？

26. 手放す力：人生の自然の摂理を受け入れる

何かに悩んだとき、すべては自然の摂理に従って起きていること、他人の不当な行為は自分には関係ないことを思い出すことが大切だ。加えて、起こることはすべて自分だけのことではないことを認識することが重要である。私たちは血縁や先祖のつながりだけでなく、知性と共同体験を通じてつながっているのだから。一人ひとりの知性は、神から授かった神聖な賜物なのだ。自分の肉体や魂を含め、自分のものなど何もないことを忘れないでください。最後に、すべては意見であり、本当に重要なのは今この瞬間だけであることを心に留めておくこと。したがって、過去や未来のことを心配して時間を無駄にせず、今この瞬間に集中すること。

27. プライドを追い求めることの危険性：名声、不運、謙虚さについての教訓

何かについて大きな不満を抱いた人、あるいは最大の名声を得た人、大きな災難や敵意を被った人、あるいは幸運に恵まれた人のことを常に思い出してほしい。そして、彼らが今どこにいるのか自問するのだ。彼らは煙と灰にすぎないか、あるいは物語にすら値しない。ファビウス・カテリヌスが田舎に、ルキウス・ルプスが庭園に、ステルティニウスがブリアエに、ティベリウスがカプレアに、それぞれ住んでいたことも思い出してほしい。プライドに終始して何かを熱心に追求すること、そしてそのような追求がいかに無価値なものであるかを考えてみよう。それよりも、自分が公正で、節

制ができ、神々に従順であることを示すことに集中し、それを簡素に行う方が哲学的だ。プライドがないことを自慢するプライドほど耐え難いものはない。

28. 否定できない力崇敬を通して神々の存在を目撃する

　神々はどこにいるのか、どうすれば神々の存在を心から信じ、崇拝することができるのか、と人々が尋ねるとき、私の答えは簡単だ。第一に、神々は肉眼で見ることができる。第二に、私は自分の魂を目にしたことはないが、それでも最大限の畏敬の念を抱いている。したがって、私が神々の存在を理解するのは、私が常に目撃している神々の紛れもない力から来るものであり、それが私を神々への崇拝へと導いているのである。

29. 安全で充実した生活の秘密を解き明かす：ホリスティック・アプローチ

　人生における安全の本質は、あらゆる面を徹底的に検証することにある。完全な献身をもってこれに取り組み、公正さと正直さを目指して努力することが肝要である。それが達成されれば、あとはさまざまなポジティブな経験をリンクさせながら、休むことなく人生を満喫するのみである。

30. 統一力：知性ある魂はいかにしてすべての要素を結びつけるのか？

　太陽から発せられる光は唯一だが、その輝きは壁や山、その他の無限の構造物によって遮られることがある。同じように、無数の肉体に分散して存在する物質も、それぞれ固有の特徴を持つ。魂についても同様で、魂はあらゆる無限の性質と個々の存在にまたがって存在している。知的な魂でさえも、断片化されているように見えるが、全体であることに変わりはない。これらの要素のうち、空気や物質のような無感覚の構成要素は、交わりを欠いている。しかし、知性の原理は、その引力でこれらの要素をも結びつけている。しかし、知性は親族に対する排他的な傾斜を持ち、そのため共同体の感覚から切り離されることはない。

31. 永遠の欲望を見つける：死を超えて、感覚、理性、信仰のバランスをとる

あなたは自分の存在を続けたいと願っていますか？もしそうなら、感覚、運動、成長を経験したいですか？そしてまた、成長を止め、言葉を使い、思考することを望むか？これらのうち、何があなたにとって望ましいと思われるだろうか？これらのどれにも価値がないのであれば、代わりに残るもの、つまり理性と神に従うことに目を向けなさい。理性と神を尊びながら、死によってこれらを失うことに不安を感じ、動揺するのは矛盾している。

32. 時間の重要性：なぜ自分の心に従うことが重要なのか？

広大で理解しがたい時間の広がりの中で、個々人に割り当てられる時間はなんと微々たるもので、無限の彼方へと急速に消えていく！そして、全体の構成要素からすれば、なんと限りなく小さな部分なのだろう。集合意識からすれば、なんと微々たる構成要素なのだろう！これらの現実に思いを馳せながら、真に壮大なものは何もないと結論づけよ。ただ、自分に本来備わっている本能に従い、共有された宇宙から届けられるすべてを大目に見ることだ。

33. 支配の核心：支配学部はいかに自らを利用するか

与党の教員はどのように自らを活用するのか？これが問題の核心である。それ以外のすべては、それが自分の支配下にあるかどうかにかかわらず、不活性な瓦礫や煙にすぎない。

34. 不死を受け入れる：内省を通して死への軽蔑を見出す

　快楽を美徳とし、苦痛を悪徳とする人々でさえ、死を低く評価してきたのだから。

35. 理想的な人間の本質合理性、タイミング、死への無関心

　理想的な人間は、善は適切なタイミングで訪れるものだと考えており、合理性に沿った行動を多くとるか少なくとるかには無関心である。さらに、世界について瞑想する時間が短かろうが長かろうが、彼には何の影響もない。そのような人は、死を恐ろしい出来事とは考えない。

36. カーテンコールを受け入れよう：私たちの旅立ちにおける自然の役割を受け入れることが、なぜ平和をもたらすのか？

　親愛なる友よ、あなたはこの偉大な世界の市民であり、それが3年であろうと5年であろうと関係ない。正義は、法に従うすべての人に公平である。不正な支配者や裁判官ではなく、自然があなたをこの状態から追い出したとしても、なぜ文句を言う必要があるのでしょうか？俳優が演出家によって舞台から降ろされるようなものだ。あなたは五幕を終えていないと言うかもしれないが、人生においては三幕があなたのドラマのすべてかもしれない。何を完成させるかを決めるのは、劇を構成し、解散させる人物であって、あなたではない。したがって、あなたは自分の去就に責任はなく、満足してこの世を去ることができる。

用語集

この用語集には、すべての固有名詞（重要でないものや未知のものを除く）と、廃語や不明瞭な単語が含まれている。

第14代ローマ皇帝アドリアヌス（ハドリアヌス）（西暦76-138年）。

アグリッパ、M.ヴィプサニウス（B.C.63-12）アウグストゥス率いる名軍人。

アレクサンダー大王、マケドニアの王、東方の征服者、紀元前356〜323年

紀元前5世紀に生きたアテネのアンティステネスは、キニク派の創始者であり、プラトンの敵であった。一方、アントニヌス・ピウスは、西暦138年から161年までの第15代ローマ皇帝であり、これまでに王冠を被った最も優れた統治者の一人である。

アパティア：ストア派の理想は、あらゆる状況における冷静さ、痛みに対する鈍感さ、快楽や幸運に対する高揚感の欠如であった。

古代の著名な画家アペレス。

アレキサンドリアのアポロニウスは、ディスコロス（「短気な」）と呼ばれ、偉大な文法学者であった。

アポステーメー、腫瘍、排泄物。

　シラクサのアルキメデス、紀元前287〜212年、古代で最も有名な数学者。

　エーゲ海の北に位置する山の岬、アトス。

　初代ローマ皇帝アウグストゥス（在位：紀元前31年〜紀元14年）。

　避ける。

　バッキウス：この名前の人物は何人かいて、おそらく音楽家のことだろう。

　ブルータス（1）ローマ人民を王から解放した人物、（2）カエサルを殺害した人物。どちらの名前も有名だった。

　ケアサル、カイウス、ユリウス、独裁者、征服者。

　カイエタ、ラティウムの町。

　ローマ共和国初期の有名な独裁者カミルス。

　カルヌントゥム、上パンノニアのドナウ川沿いの町。

　紀元前46年、タプソスの戦いの後、自らの手で命を絶ったストア派。

　慎重、用心深い。

　アテネの伝説的な初代王、セクロプス。

　Charaxは、おそらくその名の司祭の歴史家であろうが、ネロより後であることを除けば、その年代は不明である。

　外科医。

　B.C.280-207年、ストア派の哲学者で、体系的哲学としてのストア主義の創始者。

　ローマのサーカス・マクシムス（Circus　Maximus）は、4つのファクション（劇団）が覇権を争った娯楽の場。それぞれが赤、白、青、緑という色で区別されていた。競争は激しく、暴力沙汰も多かったが、喜びと祝賀の場でもあった。笑いと拍手がスタンドに響き渡り、チャンピオンが生まれ、ライバル関係が築かれた。壮大なスペクタクルの場であり、絶大なライバルの闘いの場であった。

アッティカの北に連なる山脈。

古代の喜劇。アリストファネスとその時代のアッティカ喜劇に適用される用語で、人物や政治を批判し、現代の漫画雑誌『パンク』のようなもの。新喜劇を参照。

大雑把で、短い。

驕り、意見。

満足、満足。

紀元前4世紀のキニク派の哲学者クラテス。

紀元前560～546年在位。

アンティステネスに率いられた哲学者の一派であるキニク派は、あらゆる市民的・社会的主張を否定し、自然状態への回帰を求めた。彼らのテキストはソクラテス主義を皮肉ったもので、美徳のみを善とし、悪徳を悪とした。彼らの使命は崇高であったが、そのマナーはしばしば不愉快なものであった。

アテネの弁論家、政治家、哲学者、詩人。紀元前345年生まれ。

アブデラのデモクリトス（紀元前460～紀元前361年）。"笑う哲学者 "と称され、「人間とは何と愚かなものだろう」と常に考えていた。彼は原子論を発明した。

シラクサのディオはプラトンの弟子で、後にシラクサの専制君主となった。紀元前353年に殺害される。

ディオゲネスは紀元前412年ごろに生まれたキニク人で、無作法と剛胆さで有名。

画家のディオグネトゥス。

我慢する。

ドグマータ、格言、哲学的な生活規則。

　アグリゲントゥムのエンペドクレス、紀元前5世紀頃の哲学者。彼は魂の転生と物質の不滅を信じていた。

　有名なストア派の哲学者エピクテトスはフリギア人の出である。彼は奴隷として出発し、後に自由民となったが、足が不自由で貧しく、それにもかかわらず満足していた。彼の言説はその後、弟子の一人によって編纂された『エンケイリディオン』として知られる著作に集められ、出版された。

　エピクロスによって創始された哲学者の一派で、「デモクリトスの物理学」、すなわち原子論と「アリスティッポスの倫理学を結合」させた。彼らは幸福のために生きようと提唱したが、この言葉はもともと粗野で低俗な意味ではなく、やがてそのような意味を持つようになった。

　サモスのエピクロス、紀元前342〜270年。アテネの緑豊かな庭園で、やや非生産的ではあったが、都会的で博愛に満ちた生活を送った。彼の性格は単純で温和であり、後にエピクロス学派の悪徳や行き過ぎた行為に帰するものはなかった。

　紀元前4世紀の有名な天文学者であり医師であったクニドスのエウドクソス。

　運命、宿命。

　Fortuit、偶然（adj.）

　フロント、M.コルネリウスは修辞学者、弁論家で、A.D.143年に領事となった。M.アウロその他に宛てた書簡がいくつか残っている。

　ドナウ川の支流グラヌア。

　紀元前373年、地震に飲み込まれたアカイアの古都ヘリツェ。

　ヘルヴィディウス・プリスクスは、トラセア・パエトゥスの娘婿で、高貴な人物であり、自由の愛好家であった。ネロによって追放され、ヴェスパシアヌスによって死刑に処された。

紀元前6世紀に生きたエフェソスのヘラクレイトスは、哲学と自然科学について著した。

紀元79年の噴火で埋もれたヴェスヴィオ山近くのヘルクラネウム。

ヘラクレス、アポロであるべき。ミューズを参照。

休止、ギャップ

紀元前2世紀の天文学者、ビティニアのヒッパルコス。"天文学の真の父"。

コスのヒポクラテス、紀元前460〜357年頃。古代の最も有名な医師の一人。

バカとは、単に何事にも熟練していない者、「素人」、つまりいかなる芸術、技術、職業においても技術的な訓練を受けていない者のことである。

アレクサンダー大王率いる名将レオンナトゥス。

アウレリウスの娘で、ヴェルスの妻であったルシーラ。

アウグストゥスの信頼厚い助言者であり、知性と文学者を庇護した。

マキシマス、クラウディウス、ストア派の哲学者。

メニッポス、キニク派の哲学者。

Meteores, ta metewrologikaは「高尚な哲学」であり、天文学や自然哲学に特に使われ、他の思索と結びついていた。

中喜劇、旧喜劇と新喜劇の中間のもの。喜劇、古代喜劇、新喜劇を参照。

ストア学派は、高潔、悪徳、そして「無関心」という3つの領域を区別した。しかし、富や貧困など、世間が善悪のどちらかとみなすものの多くは、「無関心」とみなした。そのような事柄のうち、追求すべきものもあれば、拒否すべきものもあった。

　ミューズたちとは、さまざまな詩や音楽などを司る9人の神々のこと。その指導者はアポロンで、その称号のひとつがミューズゲテス（ミューズたちの指導者）である。

　神経、糸。

　新喜劇とは、メナンダーとその一派のアッティカ喜劇のことで、現代の喜劇オペラのように人物ではなく風俗を批評したもの。古代の喜劇を参照。

　パレストラ、レスリング学校。

　パンクラチスト、ボクシングとレスリングの複合競技であるパンクラチウムの競技者。

　Parmularii、小さな丸い盾（パルマ）で武装した剣闘士。

　古代で最も有名な彫刻家、フェイディアス。

　フィリッポス、マケドニア覇権の創始者、アレキサンダー大王の父。

　紀元前4世紀、アテネの将軍であり政治家であったフォシオンは、気高く高邁な人物であった。317年、冤罪により国家によって死刑に処されたが、息子に「アテネ人を恨まないように」というメッセージを残した。

　松、苦悩。

　アテネのプラトン、紀元前429〜347年。彼は師ソクラテスが発明した弁証法を使っていた。彼は哲学者であり詩人であったと言われるが、その『イデア論』では、物事は永遠のイデアへの参加に基づいて在るものであると述べている。彼は『コモンウェルス』において、完全で調和のとれたユートピア世界を構想した。

　プラトン派、プラトンの信奉者。

　西暦79年の噴火で埋もれたヴェスヴィオ山近くのポンペイ。

　ポンペイウス、C.ポンペイウス・マグヌスは、ローマ共和国末期（紀元前106〜48年）に大活躍した将軍。

　プレスティディゲーター、ジャグラー。

　サモスのピタゴラス、紀元前6世紀の哲学者、科学者、道徳学者。

　南ドイツの部族クァディ。アウレリウスは彼らと戦争を続け、本書の一部はその戦地で書かれた。

　Rictus、gape、顎。

　ルスティクス、Q.ジュニウス、またはストア派の哲学者。

　聖域、神社。

　サラミスのレオン、サラミニウス。ソクラテスは三十人の暴君から、彼を彼らの前に連れてくるよう命じられたが、ソクラテスは自らの危険を顧みず、これを拒否した。

　サルマタエ、ポーランドに住む部族。

　骨格。

　キリストが誕生する4世紀前に生きた古代ギリシャの哲学者ピュローの深遠な思索は、長い間、思索と探求の源泉となってきた。知識の相対性と証明の不可能性に関する彼の教えは、「懐疑論」として知られる思想の学派にインスピレーションを与えた。彼の言葉は、数千年前に語られたものではあるが、彼の祖国で語られたのと同じように、今日でも重要な意味を持ち続けている。不可知論もまた、ピューロの哲学的原則の多くを共有しており、この2つの学派は知識の追求において自然な仲間となっている。

　スキピオとは2人の偉大な兵士の名前である。ハンニバルを征服したスキピオ・アフリカヌスとP.

　トウモロコシSc.Afr.カルタゴを滅ぼした養子として一族に加わった小人。

　セクチュリアーニ（C.の造語）は、網と三叉の矛を持った軽装の剣闘士である。

　プルタークの甥でストア派の哲学者。

愚かで、単純で、ありふれたことだ。

ラティウムの町シヌエッサ。

弁証法の創始者。弁証法（弁証法）の創始者。

ニガテにならない程度に）制限する。

ストア派の生き方は、紀元前4世紀にゼノンという賢者によって創始され、その後3世紀にクリシッポスによって体系化された。彼らは物理的な物質こそが宇宙の本質であると考え、自然に従って生きることを目標とした。彼らの完璧な人間には何の欲求もなく、必要なのは自分の知恵だけだった。美徳は尊ばれ、悪徳は嫌われたが、外的なものは何の意味もないと信じていた。

テオフラストスは哲学者で、アリストテレスの弟子。哲学や博物学に関する著作多数。紀元前287年没。

元老院議員でストア派の哲学者であったトラセア・パクタス（Thrasea, P. Pactus）は、気高く勇敢な人物。ネロに死刑を宣告された。

第2代ローマ皇帝ティベリウス（紀元14-31年）。ナポリ沖のカプレーエ（カプリ島）で晩年を過ごし、皇帝としての職務を怠り、贅沢や放蕩の限りを尽くした。

To-torn、引き裂かれる。

トラヤヌス、第13代ローマ皇帝、紀元52〜117年

ヴェルス、ルキウス・アウレリウス、帝国におけるM.アウレリウスの同僚。M.アウレリウスの娘ルキラと結婚し、西暦169年に死去した。

ベスパシアヌス、第9代ローマ皇帝 カルケドンのクセノクラテス、紀元前396〜314年、哲学者、アカデミー会長。

インデックス

www.ingramcontent.com/pod-product-compliance
Lightning Source LLC
LaVergne TN
LVHW012043200726

843506LV00021B/744